© Food Editore, un sello editorial de Food s.r.l.
Via G. Mazzini, 6 -43121 Parma; Via P. Gaggia, 1/A – 20139 Milano

Importado y publicado en México en 2011 por / Imported and published in Mexico
in 2011 by: Advanced Marketing, S. de R.L. de C.V.
Calz. San Fco. Cuautlalpan no. 102 bodega D, Col. San Fco. Cuautlalpan,
Naucalpan, Edo. de México, C.P. 53569

Fabricado e impreso en Italia en Enero 2011 por / Manufactured and printed in Italy
on January 2011 by: Reggiani S.p.A.
Via C. Rovera, 40 - 21026 Gavirate - Italy

Título Original / Original Title: Buena digestión / Eating right for good digestion

Coordinación editorial
Giulia Malerba
Coordinación de redacción
Monica Nastrucci
Proyecto gráfico
Cristiana Mistrali
Encuadernación
Food Editore
Colaboradores
Daniela Beati, Chiara Gianferrari, Daniela Martini
Fotografías
Davide Di Prato
Traducción
Esmeralda Brinn - Laura Cordera- Concepción O. de Jourdain
Corrección de estilo en Español
Cristina Tinoco de Oléa

Advertencias
La información de tipo sanitario contenida en las siguientes páginas no debe de manera
alguna entenderse como relacionada a casos individuales ni sustitutiva de la labor de
un médico; para los casos personales, se sugiere consultar siempre a un especialista.
La autora no se hace responsable de los efectos que puedan derivar del uso de esta
información.

ISBN: 978-607-404-383-9

Buena digestión

de Serafina Petrocca

ANIMAE

Prólogo

Esta interesante monografía escrita por la doctora Serafina Petrocca ofrece un buen punto de partida para las simples, aunque esenciales observaciones. Para gozar de una buena salud, el ser humano tiene la necesidad de tener a su disposición todos los elementos útiles con la finalidad de que el organismo entero pueda desarrollar sus actividades fundamentales.

Por este motivo nos nutrimos: la comida se desbarata una vez que entra a la boca, se mezcla adecuadamente y es transformada químicamente en moléculas cada vez más simples para así poder ser absorbidas y transformadas en energía o utilizadas para satisfacer todas las exigencias fisiológicas de nuestro cuerpo.

Para mantener la salud del Aparato digestivo interno a largo plazo se aconseja recurrir a estilos de vida adecuados, comenzando por el hábito de integrar momentos de relajación para calmar las tensiones: son en efecto notorias las correlaciones existentes entre el estrés, emociones fuertes y disturbios del aparato digestivo como el colon irritable y la gastritis. Es fundamental también, practicar actividades deportivas ligeras como la caminata, la bicicleta o utilizar las escaleras evitando el ascensor, pues esto favorece la necesaria regularidad intestinal, además de seguir adecuadas normas dietéticas que pueden garantizar la funcionalidad de todo el sistema digestivo.

Bastan pocas reglas alimenticias para obtener buenos resultados: fibra, cereales integrales, legumbres, fruta en menores cantidades y, sobre todo, un consumo óptimo de grasas animales.

Todo esto puede ser aplicado con un buen sabor, como muestran las recetas que acompañan este libro pues no debemos nunca olvidarnos de que comer es un verdadero placer, además de una necesidad vital.

Concluyo este breve prefacio expresando mi satisfacción por esta monografía tan bien supervisada y escrita. A propósito, recuerdo una enseñanza de mi maestro inglés: si un artículo, o con mayor razón una monografía, se lee como "a glass of water", o sea como si se tomara un vaso de agua, quiere decir que quien lo ha escrito es verdaderamente competente en la materia.

Prof. Dino Vaira, Profesor Asociado en Medicina Interna
Departamento de Medicina Interna y Gastroenterología;
Policlínico S. Orsola-Malpighi, Universidad de los Estudios de Boloña

Contenido

El aparato
DIGESTIVO

**EL LARGO VIAJE DE LA COMIDA A TRAVÉS DEL
SOFISTICADO SISTEMA QUE CADA DÍA GARANTIZA
NUTRIMENTO Y ENERGÍA A NUESTRO ORGANISMO**

Para nutrirse no es suficiente ingerir alimentos, sino que es necesario que se puedan transformar y elaborar por el organismo: los alimentos, una vez introducidos al cuerpo, **deben por lo tanto reducirse y transformarse en partes muy pequeñas** para poder absorberse.

La mayor parte de los nutrimentos presentes en los alimentos está constituida por **proteínas, carbohidratos y grasas: grandes moléculas** (polímeros), para los cuáles su unidad base se representa como glucosa para los carbohidratos, ácidos grasos para los lípidos y aminoácidos para las proteínas. El hombre no puede utilizar los polímeros inmediatamente así como se encuentran, principalmente porque **son demasiado grandes** para

atravesar las membranas celulares del intestino y también porque **es necesario el componente base individual para constituir las macromoléculas adecuadas para el organismo humano.** Por ejemplo, las proteínas presentes en las legumbres son diferentes de las que el hombre necesita, por lo que el cuerpo debe reducirlas a aminoácidos y después utilizar éstas para constituir las que nosotros necesitamos.

El alimento que ingerimos atraviesa entonces tres estados durante su recorrido a lo largo de todo el sistema digestivo, y gracias a estas fases sufrirá importantes transformaciones: hablamos de digestión, absorción y eliminación.

La digestión

Todo el proceso de digestión y por ende de demolición, tiene inicio en la **boca.** Ésta representa el primer lugar importante del desdoblamiento de los alimentos, proceso muy a menudo subestimado. En efecto, **una buena digestión depende mucho de una buena masticación**: tragar sin masticar puede comprometer el curso de una digestión eficaz, con consecuente **somnolencia y sensación de pesadez al final de las comidas.**

Una vez ingerido, el alimento es sometido a dos tipos de digestión en la boca:

▶ **mecánica:** el alimento es desbaratado y triturado a través de la **masticación;** de este modo se comienza a reducirlo en partes pequeñas, tanto para facilitar la deglución y, sobretodo, para aumentar su superficie para la sucesiva acción de las enzimas digestivas;

▶ **química:** se realiza a través de importantes sustancias enzimáticas contenidas en la **saliva.** Este líquido, secretado por las glándulas salivales (hasta más de 1 litro al día), tiene diversas funciones fundamentales; en particular:

· favorece la deglución del alimento;

· contiene sustancias antibacterianas (como la lisozima), de modo que favorece la eliminación de microorganismos potencialmente dañinos que pueden ser introducidos a la boca a través de los alimentos;

· contiene una enzima (amilasa salival) que es capaz, aunque sea por tiempo breve, de comenzar a partir de la boca el proceso digestivo del almidón (contenido por ejemplo en el pan y en las papas), pero no de los demás nutrientes (proteínas y grasas).

El alimento que es despedazado de esta manera, masticado y mezclado con la saliva, adquiere el nombre de **bolo alimenticio.** Desde la boca, el bolo alimenticio es empujado a través de

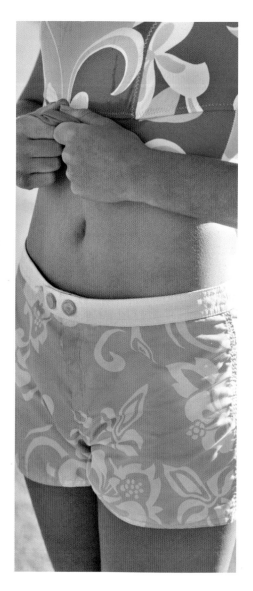

la faringe y hacia el **esófago,** un canal muscular de aproximadamente 25 cm, a través del cual el alimento llega hasta el estómago.

El tránsito del bolo alimenticio hasta la cavidad gástrica se ve favorecido por la fuerza de gravedad, aunque también y sobre todo por la contracción rítmica (peristalsis) de los músculos presentes en el esófago.

Este mecanismo es tan eficaz que nos permitiría deglutir, aunque comiéramos de cabeza; es la razón por la cual los astronautas logran de igual manera nutrirse ¡en ausencia de la gravedad!

La cavidad gástrica

Gracias a la acción que ejerce el esófago, el bolo puede llegar a **la cavidad gástrica,** que no tiene más una forma alongada, sino que asume aquélla típica de una bolsa extensible, **al grado de poder contener hasta 3 litros de líquido:** cantidad suficiente para contener bastante alimento sin obligarnos a comer continuamente para nuestro sustento.

La superficie del estómago contiene algunas glándulas que secretan:

▶ **ácido clorhídrico:** gracias a su acción se les confiere a los jugos gástricos un pH muy bajo, entre el 1,5 y 2,5 que representa la acidez más elevada de todo nuestro cuerpo;

pepsinógeno: cuando el ambiente se vuelve demasiado ácido, esta sustancia se transforma en su forma activa, la pepsina, para poder digerir las proteínas que llegan al estómago;

mucosa: protege y lubrica las células que revisten la cavidad gástrica y es gracias a su acción, que las mismas células del estómago no son digeridas por la

actividad de la pepsina ni de la acidez del ácido clorhídrico.

Estas tres sustancias, mezcladas con el agua, constituyen los jugos gástricos.
La acción de los jugos gástricos es muy fuerte, esto es tan cierto que no obstante a su recubrimiento mucoso, las paredes del estómago son completamente renovadas cada 3 ó 4 días.

El alimento, una vez que ha llegado al estómago, es **mezclado continuamente gracias a la capacidad de los músculos gástricos de contraerse y expandirse.**
Este movimiento característico facilita la destrucción del bolo alimenticio por parte de los jugos gástricos, mejora la digestión y garantiza la eliminación de las bacterias nocivas.

En esta fase el bolo cambia su aspecto y forma, transformándose en una masa semilíquida llamada **quimo.** Este jugo cremoso es empujado gradualmente fuera de la cavidad gástrica hasta el intestino delgado, a través de una válvula llamada **píloro.**

Este trayecto, para una comida tradicional se desarrolla medianamente en **2 ó 3 horas,** aunque el tiempo **puede prolongarse mientras más rica en grasas sea la comida y mientras menos se haya masticado.**

13

El duodeno

El quimo, que se formó en el estómago, prosigue su viaje a lo largo de la primera sección del intestino, llamado delgado, pero antes de hablar de esto, es necesario detenerse en su primera porción superior: el duodeno.

Puede ser sorprendente descubrir que propiamente **en esta sección sucede la mayor parte del trabajo digestivo.** De hecho, en este punto termina el proceso de trituración, gracias también a la preciada ayuda otorgada por dos grandes glándulas, el páncreas y el hígado, que permiten que se complete el proceso digestivo. **El páncreas** produce enzimas digestivas (amilasa, proteasa, lipasa) y un jugo básico con el que es capaz de **neutralizar la acidez del jugo**

la digestión de un sándwich con atún

Imaginemos seguir su trayectoria. Los **almidones** (o sea los carbohidratos) del pan son los **primeros en ser digeridos** desde la boca gracias a la saliva, mientras las proteínas del atún sufren sólo una trituración. El viaje prosigue **en el estómago, donde las proteínas del atún son atacadas por los jugos gástricos** y por la enzima pepsina, mientras las grasas (contenidas también en el aceite) reciben sólo una suave degradación por parte de otra enzima, la lipasa. El bocado, ya fuera del estómago, reducido a pequeñas partes, llega al duodeno, donde sucederá la fermentación definitiva: los carbohidratos del pan como glucosa, las proteínas del atún como aminoácidos y las grasas del atún y del aceite de conservación como ácidos grasos. El intestino podrá así absorberlos.

gástrico que pudiese irritar el intestino delgado cuando éste llegue a él. **El hígado** desarrolla a su vez diversas tareas y funciones, pero en relación a la digestión, su acción más importante es aquella referida a la **producción de la bilis,** un fluido verduzco que no contiene enzimas digestivas, sino sólo ácidos biliares, **que agreden a las grasas reduciéndolas a pequeñas gotitas** y permitiendo a las enzimas digestivas del páncreas atacarlas más fácilmente. La bilis es almacenada en un pequeño saco, la **vesícula biliar,** donde permanece hasta el momento en el que será necesario digerir las grasas. Por lo tanto, estas dos glándulas vierten sus productos al interior del duodeno a donde ha llegado el quimo y, en este punto, los jugos pancreáticos continúan la demolición de los almidones, que hubo iniciado antes la amilasa en la boca, liberando glucosa.

Aquí las grasas finalmente se digieren gracias a la ayuda de la bilis, que comienza a reducirlas a gotitas, como fue mencionado anteriormente, y el proceso es llevado a su fin por las enzimas pancreáticas, que las reducen a ácidos grasos. Inclusive el **desdoblamiento de las largas cadenas proteicas,** iniciado en el estómago es completado: gracias a la acción de las enzimas proteolíticas producidas por el páncreas, en efecto, **las fracciones de las proteínas son**

ulteriormente cortadas hasta que sean liberados los componentes de base, o sea los aminoácidos.

Cuando finalmente concluye el proceso digestivo, **los alimentos se han transformado en pequeñas unidades base, o sea en glucosa, ácidos grasos y proteínas,** listas para la absorción que sucederá en el intestino delgado.

La absorción

El intestino delgado es el encargado de la absorción, gracias a su estructura anatómica particular que le permite aumentar enormemente **su superficie: llega a medir de hecho casi 300 metros cuadrados.** Parece imposible, aunque así es realmente, pues su superficie es rica en repliegues y salientes que son llamados **vellos y microvellos.**

A través de estas estructuras todos los nutrientes pueden **ser absorbidos y llegar al hígado, el cual se encargará de administrarlos** a todas las partes restantes del cuerpo que necesitan de estas moléculas.

La eliminación

Luego de este largo viaje llegamos finalmente al **intestino grueso** y al colon. Esta porción anatómica del aparato digestivo inicia con una parte llamada **ciego,** de donde sale una extensión: el apéndice.

Aquello que queda de la comida, se llama quilo y se posiciona a lo largo del **colon** gracias a movimientos peristálticos y durante este trayecto reabsorbe agua y va constituyendo una masa cada vez más compacta y sólida.

De esta manera se crean las heces, producto de desecho de la digestión, en las cuales están presentes **fibras vegetales no digeridas y bacterias.** Todo este material llega al **recto,** desde donde después es expulsado.

Hay que considerar que el colon es también la sede de una numerosa población de **bacterias** (por ejemplo de Escherichia coli) gran utilidad: son capaces, de hecho, de dividir ulteriormente aquellas sustancias que de alguna manera se han escapado a la digestión y que los microorganismos utilizarán para nutrirse. Además **sintetizan,** por ejemplo, **algunas vitaminas**, como la biotina, el ácido fólico, la vitamina K y algunas del grupo B, que serán después absorbidas por el torrente sanguíneo.

Su función es todavía desconocida, pero considerando que contiene glóbulos blancos, parece que puede contribuir en una pequeña parte a la **defensa inmunitaria del intestino.** Sin embargo, puede suceder que se llene de heces, irritándose hasta inflamarse y dar origen a la comúnmente llamada **apendicitis.** Cuando esto sucede, en general se interviene quirúrgicamente; de otra manera **podría romperse y provocar infecciones** más graves, sobre todo a nivel del peritoneo, membrana que reviste las vísceras, transformándose en **peritonitis.**

La flora
BACTERIANA

EL DESCUBRIMIENTO DE LA BARRERA VIVIENTE QUE PROTEGE NUESTRO APARATO DIGESTIVO DE LAS BACTERIAS PATÓGENAS: CÓMO REGENERARLA Y REFORZAR SU ACCIÓN.

En nuestro aparato digestivo vive **una activísima y numerosísima población de bacterias** que constituye un verdadero ecosistema.

Los microorganismos que constituyen la flora bacteriana gastrointestinal son clasificados en más de 400 especies y **cada una coloniza un específico trayecto del aparato digestivo:** los que pertenecen al grupo de los lactobacilos, como los Lactobacillus acidophilus, L. thermophilus, L. bifidus se encuentran en el intestino delgado, mientras los que forman parte de la categoría de las bifidobacterias, como los Bifidobacterium infantis, B. longum, B. bifidum, viven en el intestino grueso.

Pero estos son sólo un ejemplo de la multitud de bacterias presentes en el tracto gastrointestinal.

Estos microorganismos desarrollan **numerosas funciones** no sólo útiles sino preciadas -e indispensables **para garantizar un estado de buena salud** a nuestro organismo:

▶ representan una verdadera barrera **defensiva contra los microorganismos potencialmente dañinos:** para poder sobrevivir y estar por lo tanto activos, las bacterias nocivas se deben adherir a las células intestinales, pero si las paredes del intestino están ocupadas por bacterias "buenas", estas no tendrán espacio vital necesario en que establecerse. Las que no logren anclarse serán, por lo tanto,

desechadas a través de los movimientos peristálticos del intestino y eliminadas en las heces:

▶ son capaces de **modificar el pH intestinal:** cuando el pH es igual a 7 se tiene un ambiente neutro, cuando supera el valor de 7 es básico, cuando es menor de 7 el ambiente es ácido.

Algunas bacterias patógenas viven bien en un ambiente de pH básico, pero gracias a la acción de algunos lactobacilos, como el acidofilus, que logran mantener un pH ácido, esta flora nociva no logra sobrevivir;

▶ los lactobacilos logran reproducir una enzima, la **lactasa,** que es **fundamental para la digestión del azúcar de la leche,** la lactosa;

▶ **mejoran la digestión y la asimilación,** previniendo la formación de indeseadas inflamaciones después de los alimentos;

▶ **producen importantes vitaminas,** como las del grupo B, el ácido fólico, la biotina, etc.;

▶ **aumentan las defensas inmunológicas,** reforzando y estimulando la acción de células específicas destinadas a la defensa del organismo, como la de los macrófagos (capaces de englobar sustancias tóxicas, bacterias nocivas, etc.)

Los nutracéuticos

La microfibra intestinal, como hemos visto, está constituida por múltiples especies de bacterias que, gracias a su calidad, **influencian el estado de salud** de todo el organismo humano.

Cuando se consumen **fármacos** (por ejemplo antibióticos) o se está bajo estrés emotivo, físico o ambiental, es mucho más fácil que ocurra un desequilibrio de la flora bacteriana (lo que es definido con el término científico de disbiosis), con consecuencias como la vulnerabilidad de ataques de microorganismos patógenos.

Pero también sabemos que **la elección correcta de los alimentos es capaz de influenciar la composición de la microflora intestinal.**
En este sentido recordamos los llamados nutraceúticos o alimentos funcionales, que se subdividen en probióticos y prebióticos, pero ¿qué son y qué funciones realizan?

Los probióticos

La palabra probiótico deriva del griego *pro-bios* y significa "a favor de la vida". Según la normativa vigente representan "microorganismos vivos y vitales que aportan beneficios a la salud del huésped cuando son consumidos, en adecuadas cantidades, como parte de un alimento, tomados en agua, o en un suplemento". Pero no basta con que un microorganismo pertenezca a una de las **especies capaces de vivir en el intestino** para que pueda ser definido como probiótico; la comunidad científica ha establecido algunas propiedades que debe poseer una bacteria para ser definida como tal:
⬧ ser seguro para el uso humano;
⬧ ser capaz de resistir **a los azúcares gástricos,** pancreáticos y biliares;
⬧ tener la capacidad de **adherirse a la mucosa intestinal;**
⬧ ser **resistente a los procesos tecnológicos;**
⬧ ser de **origen humano;**
⬧ estar vivo y vivaz, es decir, ser **capaz de multiplicarse** en el intestino humano;

⬧ ser capaz de **aportar un beneficio fisiológico.**
El uso de los probióticos aporta numerosos **efectos benéficos** para la salud general del organismo:
⬧ reducción de la intolerancia a la **lactosa;**
⬧ producción de **sustancias antimicrobianas;**

influencia sobre las actividades metabólicas del huésped (**disminución del colesterol y producción de algunas vitaminas**);

prevención de la colonización de **patógenos;**

reducción de las reacciones inflamatorias.

Actualmente los probióticos se introducen junto con los productos lácteos como el Yogurt o a través del consumo de **cápsulas, tabletas o jarabes** en los que son utilizados como liofilizantes. Las bacterias más utilizadas en estas preparaciones probióticas presentes en el mercado son los lactobacilos (L. acidophilus, L. casei, L. bulgaris), la bifidobacteria (B. bifidum) y el estreptococo (S. terophilus). Éstas se han destacado como los géneros más seguros y útiles para la microflora intestinal. Existen varias **situaciones que pueden determinar una reducción significativa de la presencia de estas bacterias:**

el uso de fármacos como los **antibióticos;**

una **mala digestión;**

el uso de la **píldora anticonceptiva;**

costumbres dietéticas incorrectas;

el agua adicionada con **cloro o fluoruro;**

‣ **estrés** emotivo y físico.

El consumo de este tipo de alimentos es, por lo tanto, indudablemente **recomendable después de curarse a base de antibióticos, después de un episodio de diarrea** causada por intoxicación o infección, **en caso de defensas inmunitarias bajas** o bien **en presencia de colitis, intolerancia a la lactosa, episodios de mala digestión o estreñimiento.** Por sus propiedades pueden contribuir, junto con un adecuado estilo de vida, a reducir los niveles de colesterol en la sangre y, **por lo tanto,** **ser recomendados a quien sufre de hipercolesterolemia.**

Los prebióticos

Después de haber descubierto las importantes y saludables propiedades de los fermentos lácticos, los estudiosos, a partir de los años '90, han buscado y estudiado sustancias útiles al intestino, capaces de estimular el crecimiento de la flora bacteriana.

CARACTERÍSTICAS DE LAS PRINCIPALES CEPAS BACTERIANAS	
Streptococcus	*favorece la reproducción de vitaminas B12 y B6*
Lactobacillus bulgaricus	*es capaz de digerir la lactosa (azúcar de la leche) y, por lo tanto, resulta útil para quien sufre de intolerancia a la lactosa.*
Lactobacillus acidophilus	*es una especie prebiótica capaz de superar fácilmente las barreras ácidas del estómago; facilita la asimilación y la producción de algunas vitaminas del grupo B; aporta la enzima lactosa, útil para la desintoxicación; tiene un efecto antibacteriano.*
bifidobacterias	*Los beneficios son similares a los descritos para el L. acidophilus*

Tales estudios nos han llevado a los prebióticos, **sustancias que el hombre no es capaz de digerir, aunque pueden ser utilizadas como nutrimento de algunas bacterias útiles,** pertenecientes a la flora intestinal.

Los prebióticos, en efecto, una vez que llegan al colon casi sin modificación alguna, **estimulan el crecimiento de microorganismos,** como las Bifidobacterias infantis y longum, consideradas buenas para la salud, en

las bacterias del yogurt

Un alimento rico en bacterias buenas, en grado de reforzar la flora intestinal, es el yogurt. Las opciones en el mercado son vastísimas y es por tanto fundamental leer bien la etiqueta al momento de su adquisición.

En los yogures "clásicos" pueden ser reportados en el envase: "fermentos lácteos activos" y en algunos casos ni siquiera esto, sino simplemente "leche fermentada". En éste último caso significa que han transformado la leche en yogurt, pero no es dicho que aún los contenga: será una leche más digerible, pero sin ninguna ventaja sobre la flora intestinal.

Es importante **no confundir los fermentos lácteos vivos** (Streptococcus thermophilus y Lactobacillus bulgaricus) **con aquéllos vitales** (Bifido bacterium bifidum y Lactobacillus acidophilus,

éste último particularmente activo para destruir a los microorganismos patógenos): **sólo los segundos son en efecto capaces de reproducirse en el intestino.** Los primeros no pueden ser definidos como prebióticos porque no logran llegar vivos al colon, pues no toleran las sales de la bilis y la acidez del estómago y además, se desarrollan a temperaturas superiores respecto a la del ser humano.

No todos los yogures son benéficos para la flora bacteriana, pues se emplean bacterias diversas y **sólo en aquéllos de "nueva generación" se pueden encontrar bacilos eficaces** para la salud del intestino y del organismo entero.

cuanto a que son capaces de producir ácidos orgánicos (por ejemplo ácido láctico y acético) **que actúan sobre las bacterias patógenas, inhibiendo su crecimiento.**

Estos ácidos grasos producidos provocan una disminución del pH en el intestino grueso, volviendo el ambiente ligeramente ácido (mientras que el pH óptimo oscila entre 5,5 y 6,2), con consecuente reducción del crecimiento de las bacterias patógenas, aumento de la absorción de algunos micronutrientes, mejoramiento de la funcionalidad intestinal y otros efectos fisiológicos saludables.

Entre los prebióticos más conocidos y estudiados se encuentran la inulina y los fructo-oligosacáridos (FOS). Algunos nombran como prebióticos otros tipos de sustancias, como los galacto-oligosacáridos (TOS), los gluco-oligosacáridos (GOS) y los soya-oligosacáridos (SOS), aunque éstas últimas son más utilizadas en los Estados Unidos y en Japón.

Al igual que para los probióticos, también para que los prebióticos sean definidos como tales **deben cumplir con algunos requisitos:**
▶ llegar al intestino intactos **de los procesos digestivos** que actúan a lo largo de todo el primer tracto digestivo;

▶ representar un derivado digerible para la microflora intestinal, a modo de **estimular el crecimiento de algunas especies de bacterias útiles** y no patógenas;
▶ tener **efectos positivos** sobre la salud del hombre.

Las sustancias prebióticas **son cada vez más utilizadas en la industria alimenticia** y a medida que los estudios científicos conducidos sobre tales moléculas prosiguen, van abasteciendo continuamente confirmaciones sobre su utilidad para el bienestar general del organismo. En particular:

▌ **previenen putrefacciones intestinales,** porque los ácidos grasos producidos por la flora bacteriana buena reaccionan en perjuicio de las especies bacterianas dañinas;

▌ **nutren a las células de la superficie del colon,** mejorando así su eficacia;

▌ reducen la concentración del **colesterol** y, en menor medida, la de los **triglicéridos;**

▌ aumentan la biodisponibilidad de minerales preciosos como el **calcio y el magnesio;**

▌ modulan la absorción de los azúcares, reduciendo **el índice glicémico;**

▌ mejoran la digestión de los azúcares presentes en la **leche, reduciendo** de esta manera **eventuales inflamaciones;**

▌ mejoran las **defensas inmunológicas.** Desde el punto de vista alimenticio, fuentes importantes de insulina son la achicoria y el **topinambur** (el más rico), **la cebolla, las alcachofas, los poros, los plátanos, el ajo** y, en menor medida, **los cereales.**

Además, los prebióticos se emplean en la industria alimenticia como sustitutos de azúcares y grasas o como condensantes, agentes estabilizadores, y fermentantes. Los más conocidos y usados en Italia, los FOS y la inulina, pueden ser consumidos en cantidades variables de 1 a 8 g al día y **son recomendados durante un tratamiento antibiótico o para desórdenes intestinales** como colitis, diarrea, estreñimiento, etc.

Es recomendable introducir tales complementos cotidianamente a través de los alimentos, pero si se consumen **a través de suplementos se debe poner atención a las dosis** consumidas; es bueno consultar al médico pues en algunos casos, en cantidades excesivas, **podrían traer efectos opuestos** a los esperados.

Las dificultades
de la DIGESTIÓN

CÓMO CONOCER Y AFRONTAR LOS PRINCIPALES PROBLEMAS DEL PRIMER TRACTO DEL APARATO DIGESTIVO, DEBIDOS FRECUENTEMENTE A HÁBITOS DE VIDA Y ALIMENTICIOS INCORRECTOS

Muy difundidos y a menudo muy fastidiosos, los problemas determinados por el mal funcionamiento del aparato digestivo son generalmente reagrupados bajo el término dispepsia (del griego *dys-pepsia*, "mala digestión"). Son responsables de síntomas a cargo de los primeros órganos que llevan a cabo la digestión, pero también de sensaciones generales de cansancio, somnolencia y dificultades de concentración. Afortunadamente, algunos de estos disturbios pueden ser eficazmente contrastados siguiendo un régimen alimenticio específico y un adecuado estilo de vida. Veamos los problemas más difundidos y algunos remedios simples y eficaces.

Halitosis o mal aliento

No se trata de una patología grave, pero puede acarrear diversos "disgustos", sobre todo de naturaleza social.

Aunque sea un problema extremadamente difundido, tanto que implica a casi un tercio de la población mundial, es tratado marginalmente o incluso ignorado por la literatura médica.

Las causas no son del todo claras, pero continuamente la halitosis está relacionada con:

▶ **infecciones de la cavidad bucal:** además de afecciones a cargo **del hígado, estómago, intestino y aparato respiratorio,** la causa del mal aliento debe buscarse precisamente en las inflamaciones de la cavidad bucal, como **gingivitis, estomatitis y amigdalitis.**

▶ en este caso el problema se acaba cuando la infección, disturbio esporádico y transitorio, desaparece;

▶ **poca higiene bucal:** es un factor que incide fuertemente sobre la **proliferación**

▶ sustancias halitogénicas: frecuentemente este problema es causado por la ingestión de alimentos conocidos como halitogénicos, como **ajo, cebolla, alcohol y sobre todo grasas animales,** que producen aliento con mal olor, no obstante una higiene bucal cuidadosa y apropiada;

▶ el mal olor, de hecho, una vez entrado en circulación, **llega a los pulmones y es liberado con el respiro.**

de las bacterias presentes en la cavidad bucal, responsables de la producción de compuestos volátiles sulfurosos que alteran la calidad del aliento;

▶ **sequedad** de la cavidad bucal: muchas veces el disturbio afecta a individuos que tienen **poca producción de saliva.** En tal condición, de hecho, falta una especie de película salival que es capaz de **impedir el alejamiento de las sustancias volátiles** responsables del mal olor, a su vez originado por procesos de putrefacción que suceden en el interior de la boca a causa de la acción de algunas bacterias. La saliva, además, hace que tales gérmenes **sean deglutidos y eliminados** por acción del ácido clorhídrico del estómago;

Remedios útiles

He aquí una lista de lo que se puede hacer para prevenir este fastidioso problema:

▶ efectuar una escrupulosa **limpieza de los dientes después de cada alimento:** es importante dedicar algunos minutos más al uso del **hilo dental** (al menos una vez al día), además de hacer uso correcto y cuidadoso del cepillo dental;

▶ perfumar el aliento, como sugieren los remedios de la tradición popular, **masticando hierbas aromáticas** como menta, salvia y perejil, sobre todo en el caso de que se hayan consumido

34

Eliminar o reducir drásticamente el consumo de carbohidratos en su dieta por pensar que pueda determinar una significativa y rápida pérdida de peso, además de ser una mala idea desde el punto de vista nutricional, **favorece también el surgimiento de la halitosis.** De hecho, cuando se mastica la pasta se produce más saliva, que ayuda a alejar las bacterias "halitógenas".

alimentos halitógenos como ajo y cebolla;
❱ aumentar la salivación por sus efectos
positivos sobre la cavidad bucal: beber agua,
masticar un chicle o un caramelo gomoso
posiblemente sin azúcar. Estos remedios no
resuelven definitivamente el problema, pero
pueden "esconderlo" temporalmente;
❱ someterse a una cuidadosa visita al
dentista para **descartar** o localizar factores
posibles como **caries o gingivitis.**

El reflujo gastroesofágico

La comida ingerida llega al estómago a
través del esófago y, en particular después
de haber superado **el cardias, la válvula
que comunica los dos órganos** y que
se abre para transferir el alimento, se
cierra después, cuando éste ha pasado al
estómago.
Algunas veces puede suceder que esta
válvula no funcione bien: **el material
ácido presente en el estómago
puede entonces regresar al esófago** y
determinar fastidiosas irritaciones.
A diferencia del estómago, cuya pared
está revestida por una mucosa especial
que la defiende de la acción del ácido, **el
esófago no posee protección alguna**
y está por eso expuesto a quemaduras e
inflamaciones. Se habla en este caso de
reflujo gastroesofágico.

Las causas

Los factores que favorecen la aparición del reflujo son muy diversos y tienen diversos orígenes:

• genética; • obesidad; • embarazo; • hábitos alimenticios erróneos; • fármacos; • fumar; • ropa demasiado estrecha, por ejemplo los cinturones o corsés ortopédicos; • edad superior a los 40 años.

¿Qué hacer?

Los comportamientos que debe seguir para contribuir a aliviar los síntomas son muchos y en muchos casos de gran eficacia:

❱ **no recostarse antes de 2 ó 3 horas después de haber comido:** el reflujo puede presentarse inmediatamente después de consumir un alimento abundante y más frecuentemente de noche, cuando al dormir se asume una posición horizontal. En cambio, si se está de pie **la fuerza de la gravedad ayuda a mantener el material ácido en el estómago.**

Por tal motivo, se recomienda levantar la cabecera de la cama, tal vez haciéndose construir por un carpintero una elevación adecuada en madera; de hecho, no se obtiene el mismo efecto con almohadas y cobijas porque tienden a arrugarse y moverse.

▶**no consumir alimentos demasiado voluminosos** (incluso líquidos): hacen aumentar la presión en el interior del estómago y, por lo tanto, facilitan la apertura de la válvula y como consecuencia la salida del material gástrico;

▶**no consumir demasiada leche:** quien sufre de este disturbio habrá ciertamente observado **el beneficio inmediato que da el consumo de un vaso de leche,** y esto gracias al hecho de que contiene sustancias que neutralizan el efecto de los ácidos. Sin embargo, se debe poner atención a **no exagerar** porque, después de un par de horas de su consumo, la leche estimula a su vez la producción de ácido, agravando la condición inicial;

▶ **evitar alimentos grasosos,** como la

crema, mascarpone, quesos, tocino, **y alimentos que aumenten la secreción gástrica,** como chocolate, jugo de tomate, café, té, bebidas con gas y cebolla cruda. También el vino y la cerveza, como contienen alcohol, estimulan la secreción gástrica y aumentan la acidez en el estómago, mientras que los más

alcohólicos irritan directamente la mucosa del esófago;

‣ **evitar fumar:** el humo disminuye la musculación de la válvula y reduce la producción de saliva, que gracias a su contenido de bicarbonato contrasta la acidez gástrica. Además, la nicotina es un potente estimulante de la secreción gástrica y por esta propiedad favorece el reflujo del ácido gástrico;

‣ **tener bajo control el estreñimiento y la tos crónica,** porque favorecen el aumento de presión interna del abdomen.

La ayuda de los fármacos

Cuando estas precauciones se vuelven insuficientes, sobre todo en casos muy graves, se debe **recurrir a la ayuda de los fármacos,** naturalmente recomendados por el médico. Los fármacos más eficaces usados en terapia son principalmente:
· **los antiácidos:** reducen la acidez del estómago, protegiendo de esta manera las paredes del esófago;
· **los procinéticos:** mejoran el tono de los músculos de la válvula y facilitan el vaciado gástrico;
· **los antisecretores ácidos:** reducen la secreción ácida del estómago.
Si no surgen problemas generales, considerando que continuamente se trata de un problema crónico, la terapia es utilizada por tiempo prolongado, incluso durante toda la vida.

La gastritis

Con este término se define en sentido general **toda una serie de problemas en la pared interna (mucosa) del estómago.** Los síntomas más frecuentes son acidez, quemazón, vómito y nausea. Es una patología más común de lo que se cree. Las manifestaciones de este problema pueden aumentar sobre todo después de consumir **alimentos abundantes y particularmente ricos en grasas.**

En estos casos los síntomas se acentúan **si se va a dormir inmediatamente después** o simplemente si se tiene la **costumbre de recostarse** apenas se ha terminado de comer.

Las causas

Los factores que pueden favorecer la aparición de estos síntomas son diversos y pueden favorecer más causas al mismo tiempo. Entre estas recordamos las principales:

▶ **malas costumbres alimenticias:** abusar de bebidas alcohólicas y súper alcohólicas, bebidas gaseosas, café, chocolate, té, especias (pimienta, chile, etc.) y grasas (quesos, dulces, mantequilla, margarina, etc.) puede determinar el aumento de la secreción gástrica o destruir la capa protectora mucosa del estómago;

▶ **estrés y emociones violentas:** pueden inducir a una excesiva producción de ácidos por parte del estómago;

▶ **fumar:** la nicotina aumenta la producción de ácido en el estómago e inhibe la secreción por parte del páncreas de bicarbonato, que ayuda a neutralizar el ácido gástrico;

▶ **uso de fármacos,** como aspirina, cortisona, antiinflamatorios, vitamina C: pueden comprometer la secreción de sustancias protectoras para la cavidad gástrica o aumentar la producción de ácidos gastrolesivos. Conocer la acción de estos fármacos permite eliminar una de las posibles causas del ardor de estómago;

▶ **infecciones:** algunas infecciones pueden

Estas indicaciones resultan de hecho
validas para todas las patologías que
se manifiestan a través de problemas
causados por exceso de acidez, como en
el caso de **úlceras gástricas, esofágicas y
ardor de estómago.**

Así como muchas otras bebidas
(té, alcohol, chocolate), el café
determina **un efecto irritante
sobre la mucosa gástrica,
porque estimula la secreción
ácida por parte del estómago,**
Pero si no se quiere renunciar al
placer del café, es recomendado
tomarlo inmediatamente
después de la comida y elegir
un "expreso": el café preparado
como en las cafeterías contiene,
de hecho, poca cafeína, respecto
al tradicional, hecho con moka,
cuya utilización implica tiempos
de contacto más prolongados
entre el agua y la mezcla.

ser causa de gastritis, determinadas por
organismos como el Citomegalovirus
o el Helicobacter Pylori, este último
particularmente peligroso y aún muy
discutido y estudiado.

Consejos útiles en la mesa
Cuando aparecen episodios de gastritis es
fundamental seguir y **atenerse de manera
escrupulosa a lo que fue explicado
como el reflujo gastroesofágico.**

el Helicobacter Pylori

Se trata de un microorganismo que **vive bajo la capa de moco que recubre y protege la pared gástrica.** Tiene la particularidad de resistir ambientes fuertemente ácidos, como el constituido por el estómago, gracias a una enzima que produce, la ureasa, capaz de neutralizar la acidez que lo rodea, funcional para el trabajo desarrollado por el estómago. Parece que esta bacteria tiene la capacidad de elaborar sustancias capaces de producir en las células gástricas un moco más fluido y menos denso, tanto como para hacerlo perder su acción protectora en lo que respecta al mismo estómago. En esta manera la pared de la cavidad gástrica se encuentra expuesta a la acción de los jugos gástricos, facilitando el surgimiento de gastritis, hasta llegar a la formación de úlceras.

Además es más frecuente que, en presencia de problemas digestivos, en particular de aquellos relacionados al estómago, sea recomendado seguir la tradicional **"dieta blanda".**

Se trata de un régimen alimenticio que excluye todos los alimentos que puedan

presumiblemente hacer más pesada la digestión o ser causa de irritación, como **las verduras y legumbres;** la dieta prevé además la eliminación de la **sal,** de las **especias,** de los **alimentos crudos** y de todos los alimentos o bebidas que puedan crear **acidez gástrica,** como por ejemplo las bebidas alcohólicas, aquellas muy azucaradas o que contienen teína y cafeína.

Sin embargo, se debe poner mucha atención a una dieta de este tipo porque **la progresiva eliminación de algunos alimentos,** a veces llevada al extremo por los más meticulosos, lleva a una monotonía alimenticia que **a largo plazo puede desembocar en una malnutrición específica,** es decir, la falta o el escaso aporte, por ejemplo, de algunas vitaminas o sales minerales como hierro, calcio, magnesio, etc.

En caso de problemas digestivos siempre es mejor **hacerse aconsejar por expertos** que se ocupen seriamente de la alimentación y puedan, por tal motivo, evaluar atentamente el caso particular y sugerir la mejor estrategia alimenticia, sin dejarse condicionar por los prejuicios alimenticios peligrosos para la salud. **Lo que resulta útil para un sujeto podría de hecho no funcionar para otro.**

Es el caso de personas que tienen una capacidad reducida de secretar jugos digestivos y esto determina la reducción de los procesos digestivos.

En este caso se han manifestado muy útiles los alimentos que contienen sustancias excitantes como chile, café, té y un poco de vino, que son inmediatamente eliminados en el ámbito de una dieta blanda.

Esto también se aplica al **jitomate,** generalmente prohibido a quien sufre de

acidez estomacal, pero que en realidad no es igualmente intolerado por todos. Sentarse a la mesa debe ser siempre entendido como un momento del día de gusto y placer: se debe entonces poner atención a lo que se come, pero también a la manera en la que se consumen los alimentos permitidos por el régimen alimenticio que se sigue en relación con los eventuales problemas del aparato digestivo.

Precisamente **para que el alimento sea lo más agradable posible, le proponemos en la segunda parte del libro una rica selección de recetas** que pone particular atención en el bienestar de nuestro aparato digestivo, pero que responden también a esta necesidad de saciedad.

Los problemas
del INTESTINO

CÓMO PREVENIR Y COMBATIR A TRAVÉS DE LA DIETA Y DE UN ADECUADO ESTILO DE VIDA LOS SÍNTOMAS DE PROBLEMAS INTESTINALES HOY EN DÍA MÁS DIFUNDIDOS.

En los países industrializados los problemas del intestino son de los más difundidos. Las personas que más los sufren son las **mujeres;** las principales causas más comunes son representadas por **estrés, ansia, sedentarismo y poco consumo de fibra.**

El síndrome de colon irritable

Comúnmente definido como "colitis", comprende un conjunto de síntomas también muy diferentes entre ellos. Este problema perjudica a casi el 20% de la población y está **más propagado entre los individuos de sexo femenino.** En general, no se considera como una verdadera patología, ya que ocasiona **pequeños problemas,** pero en una

pequeña porcentual de casos es una condición que llega a alterar la calidad de vida del sujeto.

Los síntomas

La mayor parte de los individuos que sufren de colon irritable advierten **dolores y calambres abdominales, a menudo sintiendo alivio sólo después de la eliminación de gas intestinal o la evacuación de las heces.**
Otro fastidio asociado al síndrome son la inflamación y las flatulencias, a veces causadas por una alteración de la flora intestinal o muy a menudo, por la ingestión de alimentos a los que se está poco acostumbrado a consumir (por ejemplo las legumbres).
En fin, también las alteraciones de la movilidad intestinal pueden ser expresión de la colitis, que se manifiesta alternadamente con episodios de **estreñimiento y diarrea.**

Las causas

Conocer las causas del problema permite, como siempre, evitar en parte el problema o al menos su agravamiento. He aquí algunos factores que más frecuentemente determinan la colitis:
▶ **una dieta no equilibrada:** hoy en día se tiende a seguir **una dieta pobre en agua y fibra.** Son las fibras, sobre todo aquellas de naturaleza insoluble, que absorbiendo

agua garantizan un aumento del volumen y un ablandamiento de las heces. Estas condiciones **facilitan la evacuación de la masa fecal y, por lo tanto, la reducción de gas y dolores abdominales;**

▶ si la introducción de fibras vegetales (a través de cereales, verdura y fruta) es particularmente útil para la prevención, se debe subrayar que **a veces puede ser esa misma la causa de la colitis;**

▶ en particular en los sujetos sensibles, **si se consume demasiada fibra o no se está acostumbrado** a consumir alimentos fibrosos, se puede obtener un resultado opuesto a lo esperado, con consecuente producción de gas y manifestaciones de dolores y diarrea;

▶ el consumo de **alimentos no tolerados por el organismo:** entre estos particularmente se encuentran **la leche y sus derivados,** por ejemplo la mantequilla, los quesos (especialmente si son fermentados) y helados;

▶ el carácter y las emociones: no es poco frecuente observar los síntomas de colitis en **sujetos con un carácter por naturaleza emotivo y ansioso.** Además, el **estrés, rabia contenida y fuertes emociones no expresadas** pueden llevar a la contracción de las paredes intestinales, causando, o en muchos casos agravando, la sintomatología;

▶ **las infecciones microbianas:** dan origen a una sintomatología que es

destinada a debilitarse en pocos días y dañan particularmente **a quien se dirige a países tropicales** (por ejemplo, después de tomar agua contaminada), o simplemente **quien no ha adoptado una adecuada higiene alimenticia** (por ejemplo, consumiendo fruta o verdura cruda no lavada adecuadamente);

▶ los fármacos: **el abuso de laxantes** puede llevar a la manifestación de los clásicos síntomas de colitis, sobre todo para quien hace uso de sustancias de origen natural, porque también los extractos de plantas pueden ser dañinos si se usan de manera inapropiada y excesiva;

49

muchas otras patologías a cargo del intestino, como diverticulitis, tumores intestinales, celiaquía, etc., pueden determinar un estado inflamatorio del intestino o agravar problemáticas ya presentes.

Consejos útiles en la mesa

Existen algunas normas sencillas que se deben seguir en la mesa y que resultan las mejores aliadas para prevenir este fastidioso problema:

▶ **masticar lentamente:** facilita la degradación del alimento y, de tal manera, la flora bacteriana producirá menos gas intestinal;

▶ **evitar el consumo de bebidas gaseosas y azucaradas:** el gas contenido en las bebidas, especialmente frías, intensifica la formación de gas intestinal

para después pasar a los semi-integrales y terminar con los integrales.

En lo que respecta a las **legumbres,** se recomienda introducirlas en la dieta con mucha cautela, **iniciando con porciones pequeñas, mejor sin cáscara,** como las lentejas, para después agregar una cucharada en la sopa o en las ensaladas (por ejemplo, arroz).

y, en el caso de aquellas azucaradas, aumentan la fermentación intestinal;

❱ **aumentar gradualmente el contenido alimenticio:** para prevenir estos disturbios ha sido muchas veces remarcada la importancia de enriquecer la propia dieta con fruta y verdura.

Sin embargo, se debe hacer por fases, partiendo de verduras poco fibrosas como la calabaza, calabacita, zanahorias, mejor si están cocidas, y poco a poco introducir las verduras más fibrosas, como ejotes, hinojo, espinacas, etc., evaluando siempre la propia susceptibilidad.

Lo mismo se aplica para los **cereales: inicialmente** está bien elegir los refinados

Es posible que al inicio se advierta una ligera tensión abdominal y fenómenos de flatulencias, pero gradualmente, aproximadamente **20 ó 30 días, el intestino aprenderá a tolerar siempre mejor los alimentos fibrosos;**
▌ **introducir alimentos prebióticos,** capaces de nutrir la flora bacteriana intestinal y crear las condiciones más adecuadas para su desarrollo.

Los alimentos que contienen sustancias con este potencial son: tupinabo,

alcachofas, achicoria (en particular la raíz), en menor medida la cebolla y el ajo;
▌ **identificar eventuales intolerancias alimenticias:** para tal fin es útil **tener un diario alimenticio en el cual se anoten los elementos consumidos** durante la semana; esto permitirá detectar la correlación entre los alimentos ingeridos y la aparición de los síntomas. Así será posible orientar mejor las propias elecciones alimenticias para amortiguar los problemas. Si quitando el alimento sospechoso se verifica un cierto mejoramiento es recomendable no

consumirlo por un determinado lapso de tiempo.

Cuando la situación se haya estabilizado, tal vez después de algunas semanas, se podrá tranquilamente reintroducirlo, pero siempre gradualmente.

la intolerancia a la lactosa

Es la incapacidad de digerir la lactosa, el azúcar de la leche, es decir el realizar la división de la lactosa en glucosa y galactosa llevada a cabo por la enzima lactasa, que se encuentra en el intestino. Tal déficit enzimático sólo en casos excepcionales es de naturaleza congénita: comúnmente es causado por **un daño a nivel de la mucosa intestinal,** por ejemplo a causa de una infección viral. **La lactosa, no siendo digerida y absorbida, permanece en el intestino, causando acumulación de agua, con consecuente disentería y producción de gas y de ácido láctico:** el organismo intenta por lo tanto eliminar lo que se considera tóxico. El problema es de cierta gravedad para los problemas consecuentes, como los digestivos y cutáneos, episodios de estreñimiento y bronco espasmos, que pueden aparecer incluso 72 horas después de la ingestión de la leche.

Naturalmente si estos simples consejos se asocian también con **una moderada actividad física,** por ejemplo **un simple paseo o un poco de bicicleta, y momentos de pausa para sí mismo,** en los cuales se logre reencontrar la tranquilidad y disipar las tensiones (el yoga puede aportar grandes beneficios), se pueden obtener **notables mejorías.**

El estreñimiento

Llamado también estitiquez o constipación, es un problema común característico en los países industrializados, más frecuente en las mujeres que en los hombres y que **se intensifica con la edad.** Generalizando,

representa la dificultad de vaciar el intestino de manera regular. Se debe tener presente que la frecuencia de evacuación varía en cada individuo y puede tener lugar desde una o dos veces al día hasta una vez cada 2 ó 3 días, permaneciendo siempre en la norma. Además, en el caso de constipación, la masa fecal permanece dura y su expulsión puede resultar dificultosa.

Las causas

El estreñimiento puede ser determinado por diversas condiciones, en particular por incorrectos estilos de vida:

‣ **malos hábitos alimenticios:** una dieta pobre en fibras alimenticias y rica en alimentos refinados y productos animales (proteínas y grasas) disminuye el movimiento normal (peristalsis) del intestino;

‣ **estrés y condiciones de vida frenéticos:** no permiten satisfacer de manera inmediata el estímulo de la defecación, determinando el endurecimiento de las heces fecales y por lo tanto mayores dificultades de evacuación;

‣ **sedentarismo:** quien conduce un estilo de vida sedentario es más atacado por este problema, el ejercicio físico facilita, de hecho, la peristalsis intestinal e intensifica el tono muscular;

PARA UNA BUENA DIGESTIÓN NO SON RECOMENDADOS...	
azúcar	*favorece el crecimiento de bacterias "malas"*
azúcares alcohólicos (polialcohol)	*son utilizados por la flora bacteriana intestinal, liberando gas y aumentando así el meteorismo*
chocolate, té, café	*contienen sustancias excitantes que irritan el intestino*
especias fuertes (chile, pimienta)	*consumidos en dosis excesivas inflaman el intestino*
platos demasiado elaborados	*más difíciles de digerir, en cuanto a que a menudo son ricos en grasas*
cereales y panes integrales y legumbres	*su alto contenido en fibras puede irritar el intestino como consecuencia y aumentar la inflamación.*

▌ **factores emotivos:** ansia, rabia y depresión pueden llevar a una escasa movilidad intestinal;
▌ **patologías metabólicas y neurológicas;**
▌ **comidas muy veloces y acompañadas por poca agua,** como las que se consumen en la cafetería, cuando se toma un panino "al aire".

Consejos útiles

Cuando el problema del estreñimiento es originado por la dieta y por estilos de vida incorrectos y no por condiciones patológicas particulares, se puede llegar a una solución aportando **algunas simples modificaciones a las propias costumbres,** no sólo alimenticias:
▌ **introducir alimentos de origen vegetal, ricos en fibras,** sobre todo aquellas de tipo insoluble.

En los regímenes alimenticios actuales, de hecho, se consumen muchos **cereales refinados, privados de germen y salvado,** dejando sólo la parte rica en almidón. De esta manera, **se pierden importantes nutrientes** y sustancias con propiedades muy nutritivas, indispensables para permanecer con buena salud.

Aun siendo útiles, **las fibras deben,** sin embargo, **ser introducidas gradualmente,** hasta llegar a una

cantidad adecuada en el lapso de 20 ó 30 días.

Si se exagera, sobre todo con las extraídas industrialmente de los alimentos, como los churros o barritas de salvado, se pueden tener efectos contrarios a los deseados, causando por ejemplo irritación de las mucosas gastrointestinales;

❱ **aumentar la aportación de agua:** las fibras desarrollan sus funciones sobre todo si tienen la posibilidad de absorber agua y, por lo tanto, aumentar de volumen. Con la introducción de la adecuada cantidad de agua, **el material fecal se**

vuelve mórbido y es evacuado con más facilidad. El agua que se debe consumir cotidianamente puede ser introducida también **bajo la forma de sopa, caldo y crema de verduras,** o bien en infusiones y café de cebada;

❱ practicar alguna actividad física ligera, pero con regularidad: un poco de movimiento, sin volverse un deportista empedernido, permite aumentar el tono muscular abdominal. Es suficiente caminar 40 minutos al día (tal vez 20 minutos yendo al trabajo y otros 20 regresando del mismo), **subir escaleras** en lugar de tomar el elevador, o ir en bicicleta;

❱ masticar **muy lentamente:** la masticación permite un adecuado desmenuzamiento del alimento y por lo tanto un sucesivo y rápido tránsito intestinal.

ALIMENTOS QUE AYUDAN AL CORRECTO FUNCIONAMIENTO INTESTINAL	
cereales integrales y sus derivados (pasta, pan, arroz, cebada)	*son ricos en fibras, sobre todo insolubles, capaces de aumentar la masa fecal.*
verduras cocidas y crudas (alcachofas, espinacas, acelgas, achicoria, brócoli)	*son algunas de las verduras que contienen más fibra*
fruta (kiwi, nísperos, manzana, ciruelas)	*abundan particularmente en fibras como las pectinas, capaces de transformarse en gel y estimular*

58

Los laxantes

En presencia de problemas de estreñimiento, cada vez más frecuentemente **se utilizan los laxantes** llegando incluso al abuso, **lamentablemente sin pensar en las consecuencias negativas** que esto puede tener **y sin considerar,** en cambio, **la necesidad de corregir los errores de comportamiento** que en realidad determinan el problema.

Existen diferentes tipos a la venta y son clasificados con base en su acción:

▶ **laxantes salinos u osmóticos:** forman parte de esta categoría aquellos que alguna vez tomaban el nombre de sal amarga o sal inglesa y que son sustancialmente constituidos por sales de magnesio.

Estas sales, al no ser absorbidas por el intestino delgado, **son capaces de llevar**

agua al intestino, que impide a las heces endurecerse y determina una presión útil para el aumento de la peristalsis. Son muy utilizadas para el estreñimiento leve y ocasional.

Efectos colaterales: un uso exagerado de estos laxantes puede ser **causante de efectos tóxicos** por el excesivo consumo de magnesio. Tal cuadro se amplía para los que se ven afectados por **patologías renales,** que implican mayores dificultades en la eliminación del magnesio. De cualquier manera **no son**

recomendados para niños ni ancianos;
) **laxantes formadores de masa:** están disponibles en el comercio bajo la forma de diversas preparaciones granuladas, polvos y compresas. **Se trata de fibras vegetales naturales** como el salvado de trigo o el psillium (que no se pueden considerar fármacos en el sentido estricto del término) **o de preparados sintéticos** que son igualmente capaces de mantener agua y por lo tanto estimular la peristalsis, volviendo más voluminosa la masa fecal. **Son recomendados a quien con la simple dieta no logra ingerir una adecuada cantidad de fibra.**

Efectos no deseados: son sin duda los que crean menos problemas, pero debe tener cuidado en no consumirlos en dosis excesivas y **acompañarlos siempre con una adecuada cantidad de agua,** de otra manera se corre el riesgo de obstruir el intestino.

Esta eventualidad se verifica sobre todo en caso de colon estrecho causado por diversas patologías:
) **laxantes lubricantes:** el principal representante de esta categoría es **el aceite de vaselina,** compuesto que es escasamente absorbido por la cavidad intestinal; gracias a esta propiedad reacciona lubricando y ablandando la masa fecal, haciéndola "deslizarse", por así decirlo.

grueso (colon) sufren la acción de la flora bacteriana, que lleva a la formación de sustancias con una **acción estimulante sobre la pared intestinal,** obteniendo así la evacuación. Además de estos extractos naturales, existen también los preparados sintéticos de acción similar, como el bisacolide y la fenolftaleína.

Efectos no deseados: si son consumidos en dosis excesivas **están considerados entre los laxantes que dan más molestias,** como dolor de estómago, heces blandas o diarrea y dolores abdominales. A largo plazo **su abuso puede causar colitis hipotónica,** es decir debilitamiento de la pared intestinal con incapacidad de contraerse;

▶ **laxantes hiperosmolares,** que estimulan la peristalsis: son azúcares que el organismo no logra digerir y absorber; en esta categoría entran el sorbitol y la lactulosa. Del mismo modo que los purgantes salinos, estos **llevan agua a la cavidad intestinal,** aumentando la frecuencia de los movimientos peristálticos y estimulando por lo tanto la evacuación de las heces fecales. Son laxantes blandos y de acción lenta.

Efectos no deseados: pueden dar origen a **inflamación, calambres abdominales y nausea.**

Efectos no deseados: **obstaculizan la absorción de vitaminas liposolubles, algunos minerales,** como el calcio, **y algunos fármacos;**

▶ **laxantes estimulantes de la movilidad intestinal:** son representados principalmente por **extractos vegetales** como los de las hojas del aloe o las hojas y frutos de la casia, o también de las raíces del ruibarbo. Los extractos de estos vegetales a nivel del intestino

La diverticulitis

En los países industrializados, la diverticulitis es un problema muy común, **sobre todo entre las personas de sesenta años.**
Quien la sufre tiene en el aparato digestivo pequeñas **extraversiones o sacos rellenos, llamados divertículos.** Su presencia, definida como diverticulosis, en general no crea ningún problema, pues continuamente los divertículos **no dan síntomas;** es frecuente no darse cuenta ni siquiera de tenerlos y el diagnóstico sucede casualmente, tal vez durante un análisis efectuado por algún otro motivo.

Los síntomas

En la minoría de los casos puede suceder que **uno o más de estos sacos se inflamen,** volviéndose causa de fuertes dolores abdominales. Pueden presentarse también fiebre, diarrea, nausea. En este caso se habla de diverticulitis.

Las causas

La formación de los divertículos tiene una evolución lenta y se comprueba **cuando algunas partes débiles del intestino son sometidas a continuas y excesivas presiones.**

En este punto se engrosan y **se forman protuberancias destinadas a agrandarse con el paso del tiempo.** Las presiones en cuestión continuamente son debidas a heces secas y demasiado duras provocadas por estreñimiento, que encuentran dificultades en pasar al colon, y eso crea precisamente una presión mayor de lo normal. En las personas ancianas, este cuadro puede agravarse más si las paredes del colon se espesan, creando un estrechamiento del lumen interno. Precisamente es esta disminución del espacio que incrementa la presión y vuelve más fácil la formación de protuberancias. Como ya observamos, tener los sacos no quiere decir tener problemas, pero **si en ellos permanece aprisionada parte de la comida, su estancamiento puede causar infecciones** y por lo tanto inflamación.

para prevenir:
alimentos a los que debemos decir sí y
alimentos a los que debemos decir no

**Los alimentos del primer grupo
son adecuados para una dieta
preventiva** por su alto contenido
en fibras y por la escasa presencia
de grasas animales, mientras que
**los del segundo grupo se deben
consumir con moderación
ya que** su continua y excesiva
utilización favorece la flacidez
intestinal y la inflamación del
mismo intestino.

Alimentos recomendados:

Verduras ricas en fibra (espinacas,
lechuga, alcachofas, acelgas),
cereales integrales y derivados
(pan, pasta, arroz, cebada, trigo),
pescado magro (lenguado, platija,
merluza, calamar), fruta, mejor si es
fresca (ciruela).

Alimentos no recomendados:

Cacao, chocolate, azúcar, bebidas
gaseosas, quesos (sobre todo si
son fermentados), embutidos, té,
café,

La dieta preventiva

Una **dieta baja en fibra** parece ser una
de las principales causas del problema:
su carencia reduce, de hecho, el volumen
de las heces, causando dificultades para
evacuar de las que ya se ha hablado
anteriormente.

Parece evidente que quien sufre de
divertículos debe seguir indicaciones
dietéticas apropiadas y un estilo de vida
adecuado.

La primera regla a seguir es la de evitar
el estreñimiento. Para tal fin se debe
introducir en la propia alimentación
alimentos fibrosos, **aportando la
adecuada cantidad de fibra necesaria
para el organismo** (25-30 g al día).
La introducción debería suceder de
manera lenta y gradual para no crear
meteorismo y dolores abdominales, y
nunca durante los ataques agudos.

No obstante la necesidad de introducir
fibra, debe poner especial **atención
al consumo de semillas secas,** como
nueces, avellanas y pistaches porque
podrían ser capturados por los sacos, a
menos que se mastiquen muy bien.
Lo mismo aplica para todos aquellos
alimentos que contienen semillas, como
pepinos, kiwi, moras, higos, tomates, etc.

63

Otra consideración es la de beber mucho, para evitar la deshidratación de las heces: si están secas y duras aumenta la presión intestinal.

La dieta para combatir la fase aguda
Cuando se manifiestan los síntomas clásicos del problema se deben adoptar otras consideraciones adecuadas a la situación. Sobre todo, para **aplacar la infección,** siempre bajo el consejo del médico, se deberán consumir fármacos **(antibióticos) y adoptar un régimen alimenticio diferente** como el que ha sido sugerido anteriormente, en este caso, en la dieta **es mejor introducir alimentos bajos en fibra,** cabe mencionar

ALIMENTOS RICOS EN VITAMINA B	
vitamina B1 (tiamina)	*cereales integrales, levadura, chicharos, soya, huevo (en pequeños porcentajes, ésta se encuentra en todos los ingredientes)*
vitamina B2 (riboflavina)	*leche, germen de trigo, levadura de cerveza, pescado, huevo, pollo*
vitamina B3 (PP o niacina)	*pescado, salvado de trigo, ciruelas, higos, atún, anchoas*
vitamina B5 (ácido pantoténico)	*germen de trigo, soya, fruta seca*
vitamina B6 (piridoxina)	*levadura de cerveza, vegetales verdes, clara de huevo, leche, hígado*
vitamina B9 (ácido fólico)	*hortalizas de hoja verde, levadura de cerveza, legumbres, plátanos, fresas*
vitamina B12 (cianocobalamina)	*hígado, carne, huevo, pescado*

para curar: alimentos a los
que debemos decir sí, alimentos a
los que debemos decir no

Alimentos recomendados:
▶ **verduras no fibrosas y de preferencia cocidas:** zanahoria, papas, calabaza, calabacita, rape;
▶ **cereales y derivados no integrales:** polenta, sémola, pan, pasta, crema de cereales;
▶ **fruta sin semillas, alejadas de los alimentos** para evitar fastidiosas fermentaciones: manzanas, cerezas, durazno, melón;
▶ **pescados magros.**

Alimentos no recomendados
▶ **bebidas alcohólicas y sustancias fuertemente irritantes:** café, té, chocolate;
▶ **especias:** chile, páprika;
▶ **fruta verde o seca:** higos, pistaches, piñones, arándanos;
▶ **verdura fibrosa, aún si está cocida:** lechuga, achicoria, brócoli, hojas de nabo;
▶ **legumbres secas y frescas:** frijoles, garbanzos, lentejas, chicharos;
▶ **quesos.**

alimentos poco irritantes para las paredes intestinales. Naturalmente, poco a poco la crisis se resolverá y se podrá regresar a seguir las indicaciones precedentes.

Durante las infecciones, es decir en la fase aguda de la enfermedad, **son también útiles alimentos que contengan vitamina B para que las bacterias que producen estas vitaminas puedan ser destruidas durante el curso del la infección,** con consecuentes carencias vitamínicas específicas.
Se ha demostrado que es válida la ayuda de algunos **prebióticos,** como el L acidofilus, que **combaten las bacterias putrefactas del colon** y potencializan el crecimiento de la flora bacteriana precisamente capaz de producir vitamina B.
La tabla reporta la lista de los alimentos que pueden agravar el estado de salud de un intestino inflamado, como durante las fases agudas de la diverticulitis y de los alimentos que por el contrario, ejercitando una acción neutra, ayudan a mantener el problema sin agravamiento.

Las fibras

Representan las partes estructurales de los vegetales y la mayor parte está constituida por carbohidratos precisos, que, a diferencia de los contenidos en los cereales (arroz, trigo, cebada, avena, etc.) y en los tubérculos (zanahoria, papas, etc.), **no aportan calorías,** porque no pueden ser digeridos y por lo tanto absorbidos. Por este motivo no desempeñan un rol significativo desde el punto de vista nutricional, pero son de cualquier manera de extrema importancia para la salud del hombre.

No todas las fibras son iguales, ni por estructura ni por función.

Precisamente con base en estas diferencias son distinguidas en dos macro categorías:

▶ **solubles:** como pectina, mucílago, gomas, etc.; son altamente fermentables, es decir, pueden ser reducidas por la flora bacteriana en metano, agua, CO_2 y sustancias volátiles; si no son consumidas habitualmente, pueden causar fastidiosas inflamaciones abdominales.

Las fibras solubles se caracterizan por tener la capacidad de **formar sustancias gelatinosas una vez que entran en contacto con el agua en el interior del intestino.**

Es precisamente el gel viscoso que se obtiene el responsable del lento vaciado intestinal. Todo eso explica como este tipo de fibra, a diferencia de la no soluble, tenga **un efecto constipante y no laxante.**

Es el mismo tipo de fibra que **permite reducir la sensación de hambre** porque dilata las paredes gástricas, estimulando los receptores que transmiten la señal de saciedad al cerebro. Por tal motivo son muy recomendadas en las dietas adelgazantes o para los diabéticos así como también en la prevención de las enfermedades cardiovasculares porque entre sus propiedades sobresale la de **reducir la absorción de grasas, colesterol y azúcares. Las legumbres y la fruta** son ricas en fibras solubles.

▶ **insolubles y no fermentables:** tienen la capacidad de **absorber considerables**

Los alimentos ricos en este tipo de fibras son **los cereales y algunos tipos de verduras** (vea la tabla en la página siguiente).

El consumo diario de fibras recomendado es de **25 a 30 g para los adultos,** mientras que esto no aplica igual para los niños. De hecho, está bien **no suministrar alimentos ricos en fibra antes del año y medio de edad,** cuando el intestino inicia a ser menos delicado y la alimentación más variada, y el aporte de fibras, siempre proporcional a su edad, se calcula con esta fórmula: 5 g al día + 1 g multiplicado por la edad.

Como ejemplo, la fibra puede jactarse de numerosas cualidades útiles para la salud, pero **un aumento de la cantidad de fibra en la dieta debe suceder gradualmente,** de manera que evite el surgimiento de fastidiosos problemas como meteorismo, flatulencias y dolores abdominales. Debido a su capacidad de absorción líquida, las fibras **deben consumirse con mucha agua, de otra manera los efectos positivos deseados son menores** con el peligro, en algunos casos, de obtener efectos opuestos a los buscados.

cantidades de agua, permitiendo aumentar el volumen de las heces y de acelerar la velocidad de tránsito. Gracias a estas propiedades pueden **regularizar la función del intestino,** obtener un efecto laxante y, por lo tanto, prevenir y corregir problemas como la diverticulitis y el estreñimiento, sin olvidar que son de fundamental importancia para **la reducción del riesgo de tumores en el colon.**

CONTENIDO DE FIBRA EN G/ 100 G DE PORCIONES COMESTIBLES			
Alimento	Fibra no soluble	Fibra soluble	Fibra total
Albaricoque	0,83	0,71	1,5
Alcachofas crudas congeladas	1,93	3,04	5,0
Almendras dulces secas	12,04	0,63	12,7
Berza	2,53	0,35	2,9
Betabel cocido	2,05	0,54	2,6
Castañas tostadas	7,61	0,72	8,3
Cebada perlada	4,83	4,41	9,2
Cebolla	0,88	0,16	1,0
Cerezas	0,80	0,49	1,3
Champiñones	2,14	0,11	2,3
Col	2,26	0,32	2,6
Dátiles secos	6,49	1,24	8,7
Duraznos con cáscara	1,14	0,78	1,9
Fibra de avena	4,99	3,30	8,3
Frijoles bayos secos	6,28	0,61	6,9
Frijoles blancos secos	6,78	1,05	7,8
Frijoles secos	11,01	1,94	13,0
Garbanzos secos	12,45	1,13	13,6

Tabla de composición de los alimentos, tomada de fuente INRAN, actualización 2000

Harina de trigo integral	6,51	1,92	8,4
Harina de trigo tipo 00	1,41	0,84	2,2
Hinojo	1,97	0,25	2,2
Jitomates para ensalada	0,77	0,24	1,0
Kiwi	1,43	0,78	2,2
Lechuga	1,33	0,13	1,5
Lentejas secas	7,74	0,53	8,3
Manzana fresca con cáscara	1,84	0,73	2,6
Nueces secas	5,37	0,84	6,2
Pan integral	5,36	1,15	6,5
Pan tipo 00	1,72	1,46	3,2
Papas nuevas	1,05	0,38	1,4
Peras frescas sin cáscara	2,56	1,29	3,8
Plátano	1,19	0,62	1,8
Salvado de trigo	41,13	1,31	42,4
Sandía	0,20	0,02	0,20
Zanahorias crudas	2,70	0,41	3,1

recetas

▶ *1* porción

Arroz con col y nueces

Ingredientes
▶ 200 g de col ▶ 1 cebolla ▶ sal ▶ 2 cucharadas de aceite de oliva extra virgen ▶ 1 hoja de laurel
▶ 1 diente de ajo pequeño, machacado ▶ 80 g de arroz ▶ 2 nueces, picadas

72

Retire la piel de las verduras, lave la col y córtela toscamente; pique la cebolla. En una olla con agua hirviendo con sal cocine la col.

Mientras tanto, en otra olla vierta el aceite y agregue la hoja de laurel, dore la cebolla picada y el diente de ajo durante algunos minutos. Escurra la col y reserve el agua de cocción, que podrá utilizar para cocer el arroz.

Retire el ajo. Integre la col con la cebolla y mezcle con ayuda de una cucharada de madera; deje sazonar durante 5 minutos y agregue, si fuera necesario, un poco del líquido de cocción de la verdura.

Cocine el arroz en el agua de cocción de la col y páselo a la olla junto con el condimento; mezcle y agregue las nueces en el último momento. Deje sazonar algunos minutos más y sirva bien caliente.

▶ Preparación *15* minutos ▶ Cocción *25* minutos ▶ Grado de dificultad *fácil*

▶ *P*ara enriquecer aún más la fibra en este platillo puede sustituir el arroz pulido (refinado) por arroz integral: el arroz blanco contiene 1 g/100 g de fibra, mientras que el integral contiene casi el doble, aproximadamente 1,9 g/100 g.

▶ *1* porción

Ñoquis de Cerdeña fríos en crema de calabacitas

Ingredientes

▶ 1 calabacita tierna pequeña ▶ sal ▶ 1 cucharada de aceite de oliva extra virgen ▶ 1 diente de ajo pequeño, sin piel y machacado ▶ sal ▶ 80 g de ñoquis de Cerdeña estriados de grano duro ▶ 2 hojas de albahaca ▶ 4 jitomates cereza ▶ 1 cucharadita de piñones, tostados

74

Lave y despunte la calabacita, corte en rebanadas redondas y gruesas y saltee en la sartén con el aceite y el ajo. Espolvoree con sal y, en cuanto se hayan dorado ligeramente, agregue un poco de agua y deje cocer, tapadas, hasta que estén suaves. Mientras tanto, hierva los ñoquis en agua con sal, escurriéndolos en cuanto estén al dente y enfriándolos de inmediato bajo el chorro de agua fría.

Licue las calabacitas frías con el propio fondo (eliminando el ajo) y la albahaca. Corte los jitomates en trozos pequeños; tueste los piñones y pique con ayuda de un cuchillo. Mezcle los ñoquis con la crema de calabacitas, agregando los jitomates y los piñones y sirva.

▶ Preparación *20* minutos ▶ Cocción *15* minutos ▶ Grado de dificultad *fácil*

▶ *Un primer plato perfecto para todas aquellas patologías que se relacionan con un intestino inflamado, pero se debe tener cuidado con quien sufre de diverticulitis: en este caso se aconseja omitir los piñones.*

Ensalada de fusilli

Ingredientes

▶ 1 calabacita tierna ▶ sal ▶ 2 jitomates cereza ▶ 1 manojo pequeño de arúgula ▶ 80 g de atún en aceite ▶ 1 chalote, limpio y cortado en rodajas ▶ 80 g de pasta fusilli ▶ 1 cucharada de aceite de oliva extra virgen ▶ albahaca, picada ▶ 5 aceitunas negras deshuesadas y cortadas en rodajas o picadas

76

Lave, despunte y corte la calabacita longitudinalmente en cuartos; coloque sobre la parrilla y espolvoree con sal. Lave y pique los jitomates y el manojo de arúgula. Escurra el atún del aceite y desmenúcelo. Saltee el chalote velozmente en la sartén y agregue los jitomates y el atún.

Hierva los fusilli en abundante agua con sal y escurra. Sazone con el aceite de oliva, una pizca de sal y la albahaca. Agregue todos los ingredientes que fueron preparados previamente y, por último, incorpore las aceitunas negras. Deje reposar durante 20 minutos para que tome sabor y sirva la ensalada de pasta fría decorando con algunas hojas de albahaca.

▶ Preparación **20** minutos ▶ Cocción **15** minutos ▶ Grado de dificultad **fácil**

▶ *En casos de ataques agudos de colitis se aconseja sustituir la arúgula por un poco de perejil picado.*

▶ *1* porción

Paccheri gigantes con pescado

Ingredientes
▶ 5 jitomates cereza ▶ 1 rama pequeña de perejil ▶ mezcla de zanahoria, apio y cebolla picados ▶ 2 cucharadas de aceite de oliva extra virgen ▶ 1 filete pequeño de merluza o de pescado blanco, partido en trozos pequeños ▶ 2 cucharadas de vino blanco ▶ sal ▶ 1 trozo de peperoncino o chile de árbol ▶ 80 g de pasta paccheri ▶ perejil

77

Lave y corte los jitomates en cuartos. Limpie y pique el perejil. Fría la zanahoria, apio y cebolla con el aceite de oliva; agregue el filete de pescado, rocíe con el vino y sazone con sal. Después de algunos minutos agregue los jitomates cereza; cubra con agua y deje hervir durante 20 minutos. Sazone con el trozo de peperoncino.

Mientras tanto, hierva bastante agua con sal y cocine los paccheri. Al final de la cocción escurra e integre con la salsa. Espolvoree con perejil y deje reposar para que tomen sabor durante algunos minutos antes de servir.

▶ Preparación *15* minutos ▶ Cocción *25* minutos ▶ Grado de dificultad *fácil*

*E*s un primer plato óptimo y gratificante, ideal para quien no puede ingerir mucha fibra en la propia alimentación como por ejemplo, en la fase aguda de ataques de divertículos y colitis.

▶ *1* porción

Sopa de hongos

Ingredientes
▶ 100 g de hongos tipo chiodini o champiñón ▶ 200 g de calabaza ▶1/2 rama de apio
▶ 1 cebolla ▶ 1 zanahoria, picada ▶ 1 cucharada de aceite de oliva extra virgen ▶ 1 hoja de
salvia ▶ 1 trozo de peperoncino o chile de árbol ▶ 100 g de jitomates sin piel o puré de tomate
▶ 100 g de frijoles cocidos

78

Corte los hongos en pedacitos (si usa los hongos tipo chiodini puede dejarlos enteros);
Limpie y lave cuidadosamente las verduras. Corte la calabaza en trozos pequeños y el
apio en dados pequeños, corte finamente la cebolla y la zanahoria.

En una olla vierta el aceite, la cebolla, la hoja de salvia y el chile peperoncino; mezcle
delicadamente con ayuda de una cuchara de madera y luego de algunos minutos,
agregue el apio, la zanahoria y el jitomate. Deje cocer durante 3 ó 4 minutos a fuego
bajo.

Agregue 250 ml de agua, lleve a ebullición y agregue los hongos, la calabaza y los
frijoles. Para hacer la sopa más cremosa puede licuar una parte de los frijoles. Tape y
continúe la cocción a fuego medio alrededor de 30 minutos, sirva la sopa bien caliente.

▶ Preparación *20* minutos ▶ Cocción *40* minutos ▶ Grado de dificultad *fácil*

▶ *E*ste platillo, rico en fibra soluble e insoluble, puede ser acompañado
con polenta cremosa o en rebanadas, rociándola con aceite de oliva y
horneándola ligeramente.

Bulgur con brócoli, lentejas y zanahorias

Ingredientes

▌ 80 g de bulgur ▌ sal ▌ 60 g de lentejas, lavadas ▌ 1 brócoli pequeño ▌ 1/2 poro ▌ 1 zanahoria pequeña, sin piel ni punta ▌ 1 cucharada de aceite de oliva extra virgen ▌ 1 diente de ajo pequeño

Hierva el bulgur en agua con sal durante 10 minutos y escurra cuando esté al dente. Cueza las lentejas durante 30 minutos y reserve. Cocine los racimos del brócoli y enfríe bajo el chorro de agua fría. Corte el poro en tiras y la zanahoria en juliana.

Sazone el aceite de oliva con el ajo en la sartén y agregue las verduras. Saltee durante 5 minutos, hasta que estén cocidas al dente. Mezcle las verduras con el bulgur y las lentejas y rectifique la sal. Sirva en una ensaladera o en un plato dando forma con un cortador para pasta redondo.

▌ Preparación **15** minutos ▌ Cocción **35** minutos ▌ Grado de dificultad **fácil**

▌*Se recomienda cocer muy bien las lentejas, de otra manera pueden resultar indigestas y determinar fenómenos de meteorismo.*

▶ **1** porción

Arroz con colinabo y pesto ligero

Ingredientes
Para el arroz: ▶ 1 chalote - mantequilla ▶ 100 g de colinabo ▶ caldo de verduras
▶ 80 g de arroz largo
Para el pesto: ▶ 1 manojo de albahaca, bien lavada ▶ 3 cucharadas de aceite de oliva extra virgen ▶ 1 cucharada de piñones, tostados ▶ sal

Pique finamente el chalote y fría en una olla con la mantequilla. Retire la piel del colinabo y corte en dados pequeños, agregue con el chalote guisado, cocine bañando con un cucharón de caldo. Agregue el arroz, eleve la flama y dore. Cueza el arroz agregando el caldo necesario.

81

En un procesador de alimentos ponga la albahaca, el aceite, los piñones y poca sal y procese poco a poco para no crear calor en el interior del procesador y evitar que la albahaca se marchite.

Cuando el arroz esté cocido condimente con el pesto ligero y sirva.

▶ Preparación **15** minutos ▶ Cocción **20** minutos ▶ Grado de dificultad *fácil*

D*E*^{s un óptimo platillo para quien tiene problemas ligados} *a la flora intestinal; el colinabo, de hecho, nutre la flora bacteriana porque es particularmente rico en azúcares, como la oligofructosa.*

▶ *1* porción

Arroz salteado con calabaza, papas y espárragos

Ingredientes
▶ 150 g de calabaza pequeña ▶ 1/2 papa amarilla ▶ 2 espárragos pequeños ▶ 1 tallo de apio pequeño ▶ 1/2 cebolla mediana, cortada en dados pequeños ▶ 1 cucharada de aceite de oliva extra virgen ▶ 80 g de arroz largo ▶ 1 pizca de azafrán

Retire la cascara y las semillas de la calabaza y pele la papa; pele el tallo de los espárragos, eliminando la parte final más dura. Limpie el apio de las fibras verticales, corte la calabaza y la papa en dados pequeños, los espárragos y el apio en juliana.

Fría la cebolla con una cucharada de aceite y un poco de agua. Agregue la calabaza y la papa, cocine durante 5 minutos y agregue las demás verduras cociendo a fuego lento durante 3 ó 4 minutos, agregando un poco de agua si fuera necesario.

Cocine el arroz en agua con sal durante 15 minutos, escurra y deje reposar durante 5 minutos. Agregue el azafrán disuelto en 2 cucharaditas de agua y las verduras. Saltee sobre fuego alto y sirva bien caliente.

▶ Preparación *25* minutos ▶ Cocción *25* minutos ▶ Grado de dificultad *fácil*

▶*L*as verduras presentes en este plato no son muy ricas en fibra; esta receta, por lo tanto, es apta para quien quiere empezar a introducir gradualmente la fibra en la propia dieta.

▶ *1* porción

Pasta strozzapreti con calabacita, limón y menta

Ingredientes

▶ 1 chalote pequeño ▶ 1 cucharada de aceite de oliva extra virgen ▶ 1 calabacita pequeña
▶ 2 ramas de menta o hierbabuena ▶ 1 limón amarillo sin encerar ▶ 80 g de pasta strozzapreti
▶ sal

83

Retire la piel del chalote, pique finamente y guise a fuego bajo con aceite de oliva extra virgen. Con ayuda de un pela papas elimine la cáscara verde de la calabaza, corte en bastones pequeños y agregue al chalote en la sartén. Saltee durante 2 minutos y rectifique la sazón.

Lave la menta y seque delicadamente. Perfume el condimento con la cáscara rallada del limón, mezcle y apártelo. Cueza la pasta en abundante agua con sal, escurra y saltee en la salsa de calabaza. Perfume con las hojas de menta y sirva la pasta bien caliente.

▶ Preparación *10* minutos ▶ Cocción *15* minutos ▶ Grado de dificultad *fácil*

D*E*s una óptima entrada para quien tiene un intestino delicado y no quiere renunciar al placer de comer verduras: 100 g de calabacita cocida contienen sólo 0,98 g de fibras solubles, las más irritantes para el colon.

▶ *1* porción

Sopa de col lombarda y calabaza

Ingredientes
▶ 1 diente de ajo pequeño ▶ 1 rama de romero ▶ 1 hoja de salvia ▶ 1 cucharada de aceite de oliva extra virgen ▶ 1 cebolla blanca pequeña ▶ 1/4 de calabaza de cáscara verde ▶ 1 papa pequeña ▶ sal ▶ 2 hojas de col lombarda ▶ 150 g de frijoles blancos cocidos

84

En una olla ponga el ajo, el romero y la salvia y deje que sazonen el aceite. Pele y corte la cebolla en rebanadas muy delgadas y agréguela a la cocción, después de haber eliminado la salvia y el romero. Guise bien a fuego bajo.

Mientras tanto, retire la cáscara de la calabaza y corte la pulpa en cubos grandes. Pele la papa y córtela en dados pequeños. Agréguelas a la olla y espolvoree ligeramente con sal. Sazone, bañe con una taza de agua y cocine durante 10 minutos.

Lave y corte la col lombarda en trozos pequeños, agregándola a la olla y continúe la cocción, tapada, durante 40 minutos. Licue los frijoles con un poco del caldo de la sopa y vierta en la misma. Cocine otros 15 minutos y sirva.

▶ Preparación *20* minutos ▶ Cocción *70* minutos ▶ Grado de dificultad *fácil*

Esta sopa es riquísima en fibra. Debido a que la col lombarda no es una verdura fácil de encontrar en todas las regiones de Italia, pueden sustituirla por col china: la sopa resultará de cualquier manera exquisita.

▶ **1** porción

Crema de calabaza

Ingredientes

▶ 1 cebolla blanca ▶ 200 g de calabaza con cáscara verde ▶ 1 cucharada de aceite de oliva extra virgen ▶ caldo de verduras

Pele la cebolla y retire la cáscara de la calabaza. Corte la primera finamente y la segunda en trozos pequeños. En una olla coloque la cebolla y saltee con el aceite.

Agregue la calabaza y continúe cociendo durante 2 minutos a fuego lento, mezclando continuamente con ayuda de una cuchara de madera.

Agregue el agua o caldo de verduras y cocine durante 20 minutos a fuego medio. Al final de la cocción licue hasta obtener una mezcla tersa y homogénea.

▶ Preparación **10** minutos ▶ Cocción **25** minutos ▶ Grado de dificultad **fácil**

85

Ó *ptima para quien tiene reflujo gastroesofágico y gastritis: se digiere velozmente porque los ingredientes se han molido y no contiene muchas grasas, que retardarían la digestión.*

▶ **1** porción

Sopa de pulpo, garbanzos y colinabo

Ingredientes
▶ 60 g de garbanzos, remojados en agua alrededor de 8 horas ▶ 250 g de pulpo ▶ 1 chalote pequeño ▶ 1 rama de perejil ▶ 2 colinabos ▶ 1 cucharada de aceite de oliva extra virgen ▶ 1 peperoncino o chile de árbol, desmenuzado ▶ sal y pimienta

86

En una olla de presión cocine los garbanzos alrededor de una hora.

En una olla con abundante agua cocine el pulpo durante 30 minutos a partir del momento en que el agua suelte el hervor. Deje enfriar el pulpo durante 15 minutos en su agua de cocción.

Mientras tanto, lave el chalote y corte finamente; hierva el perejil, lave y pique. Pele los colinabos y corte en gajos delgados. En una olla caliente el aceite con el chalote y el peperoncino. Agregue los colinabos y ase durante 10 minutos, agregue los garbanzos y rectifique la sal y la pimienta.

Después de 10 minutos agregue el pulpo cortado en rodajas gruesas. Hierva durante 3 minutos y sirva la sopa caliente espolvoreando con perejil fresco.

▶ Preparación **20** minutos ▶ Cocción **70** minutos ▶ Grado de dificultad **fácil**

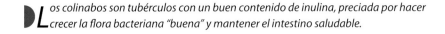

▶ *Los colinabos son tubérculos con un buen contenido de inulina, preciada por hacer crecer la flora bacteriana "buena" y mantener el intestino saludable.*

Rape con verduras

Ingredientes
▶ 200 g de pez rape ▶ 1/2 tallo de apio ▶ 1 cebolla pequeña ▶ 1 zanahoria pequeña
▶ 1 cucharada de aceite de oliva extra virgen ▶ 2 cucharadas de puré de tomate ▶ sal
▶ 3 cucharadas de vino blanco ▶ 1 rama de perejil ▶ 2 hojas de albahaca

Lave el pescado y corte en trozos grandes. Lave el apio, pele la cebolla y la zanahoria. Reúna todas las verduras en un procesador de alimentos y procese hasta picar toscamente. En una olla a fuego bajo ase las verduras trituradas con el aceite y el puré de tomate, hasta que se empiecen a secar.

Mezcle delicadamente con una cuchara de madera y agregue el pescado, sal y el vino blanco; deje evaporar. Cocine, tapado, a fuego medio; agregue un poco de agua si fuera necesario, para evitar que se seque demasiado.

Mientras tanto, lave el perejil y la albahaca y pique. Sirva el pescado aún caliente, espolvoreado con el perejil y la albahaca.

▶ Preparación **15** minutos ▶ Cocción **30** minutos ▶ Grado de dificultad **fácil**

▶ *Puede sustituir el pescado con merluza, pescadilla, cazón o cualquier otro pescado magro, apto para aligerar el vaciado gástrico y evitar una excesiva estimulación ácida.*

▶ *1* porción

Filetes de trucha perfumada a las hierbas

Ingredientes
▶ 1 filete de trucha ▶ 1 rama de romero ▶ 2 hojas de salvia ▶ 1 rama de tomillo ▶ 1 rama de perejil ▶ sal y pimienta ▶ 1 limón amarillo, exprimido ▶ 1 cucharada de aceite de oliva extra virgen ▶ 1 diente de ajo pequeño, sin piel y ligeramente machacado

Limpie y lave el filete de trucha; lave también todas las hierbas, escurra con cuidado y pique. Quite las espinas al pescado, sazone con aceite, sal y pimienta y esparza la superficie con gran parte de las hierbas aromáticas; presione para adherirlas. Caliente una parrilla, agregue el filete y cocine durante 5 minutos. Voltee y cocine por el otro lado durante 5 minutos más.

Mientras tanto, mezcle el jugo de limón con una pizca de sal y pimienta. Agregue el aceite y mezcle los ingredientes con ayuda de un tenedor, hasta obtener una salsa homogénea. Añada, por último, las hierbas aromáticas restantes y el diente de ajo. Acomode el filete de trucha sobre un plato y sirva caliente acompañado con la salsa de limón y hierbas.

▶ Preparación *10* minutos ▶ Cocción *10* minutos ▶ Grado de dificultad *fácil*

89

▶ *P*uede sustituir los filetes de trucha por robalo o con cualquier otro pescado que no sea particularmente rico en grasas, de esta manera el plato puede ser recomendado a quien tiene problemas digestivos.

▶ *1* porción

Filete de trucha en corteza de papas y tomillo

Ingredientes
▶ 2 filetes de trucha ▶ 2 cucharadas de aceite de oliva extra virgen ▶ sal y pimienta ▶ tomillo ▶ 1 papa amarilla ▶ 1 manojo de hortalizas para ensalada

90

Retire las escamas y las espinas cuidadosamente al filete de trucha, dejando intacta la piel, y marine en un recipiente con aceite de oliva, sal, pimienta y tomillo deshojado. Pele la papa y ralle con ayuda de un rallador de malla gruesa. Reserve la ralladura de la papa obtenida en un refractario y condimente con sal y pimienta. Presione la mezcla sobre los filetes por la parte de la pulpa y corte en rombos.

Lave bien las hortalizas para la ensalada, trocee con las manos y coloque en el plato; condimente. Pase los filetes a una sartén antiadherente engrasada con aceite, cociéndolos primero por el lado de la papa; voltee y termine la cocción. Sirva el pescado acompañando con la ensalada.

▶ Preparación *15* minutos ▶ Cocción *10* minutos ▶ Grado de dificultad *fácil*

Se puede preparar la misma receta utilizando robalo. Para quien tiene dificultades digestivas los filetes de pescado también se pueden cocer al horno, teniendo cuidado de voltearlos para obtener una cocción uniforme.

▶ **1** porción

Frittata de achicoria

Ingredientes
▶ 1 chalote ▶ 1 cabeza de achicoria ▶ 2 cucharadas de aceite de oliva extra virgen ▶ 2 huevos
▶ sal ▶ 1 cucharada de parmesano, rallado

Pele el chalote y pique finamente. Lave la achicoria y corte en tiras finas. En una sartén coloque el chalote y deje sazonar con aceite. Agregue la achicoria y deje secar a fuego lento, agregando 2 cucharadas de agua. Deje cocer, tapada, durante algunos minutos, teniendo cuidado de mezclar delicadamente con ayuda de una cuchara de madera.

Mientras tanto, bata los huevos, espolvoree con sal y agregue el parmesano. Cuando las verduras estén cocidas vierta los huevos y deje cocer la frittata por ambos lados.
Pase a un plato forrado con papel absorbente para eliminar el exceso de aceite. Sirva de inmediato cortada en trozos pequeños.

91

▶ Preparación **15** minutos ▶ Cocción **20** minutos ▶ Grado de dificultad **fácil**

▶ *Puede sustituir la achicoria por hierbas o espinacas cocidas o también por calabacitas cortadas en rodajas.*

▶ *1* porción

Ensalada de bacalao y aceitunas negras

Ingredientes
▶ 1 rama de perejil ▶ 1 diente de ajo pequeño, sin piel ni centro ▶ 150 g de bacalao fresco o desalado ▶ 2 cucharadas de aceite de oliva extra virgen ▶ algunas aceitunas negras deshuesadas ▶ 1 limón

Limpie y lave el perejil; luego machaque con el diente de ajo. Blanquee el pescado durante varios minutos y desmenuce con ayuda de un tenedor. Deje enfriar ligeramente y condimente con aceite de oliva extra virgen, las aceitunas negras, y la mezcla de ajo y perejil. Vierta algunas gotas de jugo de limón y mezcle hasta integrar por completo.

Deje sazonar durante algunos minutos y sirva la ensalada de bacalao y aceitunas a temperatura ambiente.

▶ Preparación *10* minutos ▶ Cocción *5* minutos ▶ Grado de dificultad *fácil*

▶ *P*ara enriquecer esta simple y genuina ensalada de pescado puede agregar también arúgula fresca picada o jitomates cereza picados en trozos pequeños.

▶ *1* porción

Ensalada de pulpo y papas

Ingredientes
▶ 1 diente de ajo pequeño ▶ 250 g de pulpo ▶ 2 papas amarillas medianas ▶ sal ▶ 1 cebollita de cambray pequeña ▶ 5 jitomates cereza ▶ un rama de perejil ▶ 2 cucharadas de aceite de oliva extra virgen ▶ algunas aceitunas negras o de preferencia taggiasca ▶ pimienta

Caliente una olla a presión con 3 vasos de agua y el diente de ajo; sumerja el pulpo, cierre la olla y cocine aproximadamente 30 minutos a partir del silbido.

93

Escurra el pulpo, deje entibiar y corte en trozos del tamaño de un bocado. Pase a un refractario grande. Cocine las papas en agua con sal. Una vez cocidas, retire la piel, corte en cubos pequeños e integre con el pulpo.

Elimine las raíces y la cola de la cebollita y pique finamente. Lave los jitomates cereza y corte en cuartos. Limpie, lave y pique el perejil. Agregue todo a las papas con el pulpo. Condimente con aceite y aceitunas, mezcle hasta integrar por completo, rectifique la sal y la pimienta y sirva.

▶ Preparación *15* minutos ▶ Cocción *40* minutos ▶ Grado de dificultad *fácil*

▶ *P*uede sustituir los jitomates por otras verduras como zanahoria rebanada en juliana o algunas en conserva, siempre y cuando no haya problemas de reflujo gastroesofágico.

▶ *1* porción

Merluza en hoja de verduras

Ingredientes
Para la merluza: ▶ 3 hojas de col ▶ sal ▶ 1 limón amarillo ▶ 1 diente de ajo pequeño, machacado ▶ 2 cucharadas de aceite de oliva extra virgen ▶ 100 g de pulpa de merluza, cortada en dados pequeños ▶ 2 ó 3 cucharadas de vino blanco ▶ tomillo ▶ sal y pimienta blanca ▶ 1 zanahoria pequeña ▶ 1 calabacita pequeña ▶ 1 chalote
Para el gratín: ▶ 1 cucharada de aceite de oliva extra virgen ▶ pan molido ▶ sal gruesa

Blanquee las hojas de col en agua con sal y acidifique con el jugo de limón; escurra sobre un paño y elimine la parte central dura.

Fría el diente de ajo en una sartén con la mitad del aceite, agregue la pulpa de merluza y rocíe con el vino. Cocine el pescado, desbarate la pulpa y sazone con el tomillo y una pizca de sal y pimienta blanca; unte sobre las hojas de col cocidas.

Pele la zanahoria y corte en juliana; haga lo mismo con la piel verde de la calabacita. Retire la piel del chalote y pique, cocine todas las verduras en una sartén con un poco de agua y sazone con sal.

Ponga una cucharada de verduras sobre cada hoja de col y enróllelas sobre sí mismas. Coloque sobre una charola para hornear, rocíe con un chorrito de aceite, espolvoree con un poco de pan molido y sal gruesa. Gratine bajo el asador de su horno a 180ºC (360ºF) hasta que se forme la corteza y sirva.

▶ Preparación *25* minutos ▶ Cocción *20* minutos ▶ Grado de dificultad *medio*

*E*ste plato a base de merluza es de fácil digestión por su modesta cantidad de grasas.

Nituké de tofu

Ingredientes
▶ 1 calabacita pequeña ▶ 1 zanahoria pequeña ▶ 1 diente de ajo pequeño, machacado
▶ 1 cucharada de aceite de oliva extra virgen ▶ 1 cebolla blanca pequeña, partida en juliana
▶1 racimo de brócoli ▶ 1 cucharada de semillas de ajonjolí ▶ sal ▶1 barra de tofu pequeña

Lave la calabacita y pele la zanahoria. Sofría el ajo en una sartén con aceite, agregue la cebolla y sazone. Corte la zanahoria y la calabacita en rodajas gruesas, agréguelas a la sartén y cocine a fuego medio durante 5 minutos.

Blanquee el brócoli en agua con sal e integre con la verdura y las semillas de ajonjolí y la sal. Corte el tofu en cuadros pequeños y mezcle con las verduras en la sartén bañando con un poco de agua caliente. Cocine durante 15 minutos más, parcialmente tapado, y sirva caliente.

▶ Preparación **20** minutos ▶ Cocción **25** minutos ▶ Grado de dificultad *fácil*

▶*Un plato a base de verduras que pueden consumirse también por quien tiene un intestino delicado; de hecho son hortalizas que no tienen un contenido de fibras particularmente alto.*

▶ **1** porción

Cazón con nuez

Ingredientes
▶ 200 g de cazón ▶ 2 cucharadas de aceite de oliva extra virgen ▶ 1 diente de ajo pequeño ▶ albahaca, lavada y picada ▶ 1 rama de perejil, lavado y picado ▶ sal y pimienta ▶ 40 g de castañas, cortadas finamente

Lave y limpie el cazón, corte en trozos y coloque en una charola para hornear con un chorrito de aceite de oliva extra virgen.

Prepare una mezcla con ajo picado, algunas hojas de albahaca y perejil; condimente el cazón y agregue más aceite de oliva extra virgen, sal y pimienta.

Horneé a 180ºC (360ºF) alrededor de media hora, a la mitad de la cocción agregue las castañas y sirva el cazón bien caliente.

97

▶ Preparación **20** minutos ▶ Cocción **30** minutos ▶ Grado de dificultad **fácil**

El cazón puede sustituirse por merluza o por rape, obteniendo también un plato sabroso.

▶ *1* porción

Tarta de calabaza, col china y papas

Ingredientes

Para la pasta: ▶ 300 g de harina de trigo de primera ▶ 1 sobre de levadura para pasteles salados ▶ sal ▶ 2 cucharadas de aceite de oliva extra virgen
Para el relleno: ▶ 1 cebolla amarilla pequeña ▶ 3 cucharadas de aceite de oliva extra virgen ▶ 1 papa amarilla grande, sin piel y rebanada ▶ sal ▶ 1/4 de col china pequeña, en juliana ▶ caldo vegetal ▶ 250 g de pulpa de calabaza cortada en dados pequeños ▶ ajonjolí negro

98

Cierna la harina con la levadura y la sal, agregue el aceite de oliva extra virgen y agua tibia poco a poco, hasta obtener una masa homogénea y elástica.

Pele la cebolla, pique y fría en una sartén con aceite; agregue la papa y cocine. Espolvoree ligeramente con sal y después de 5 minutos, agregue la col. Cocine durante 20 minutos a fuego medio, bañando con el caldo hasta que las papas y la col estén cocidas al dente.

Mientras tanto, cueza la calabaza en una olla con un poco de aceite y caldo hirviendo. Enfríe e integre las dos mezclas. Forre un molde para pasteles con papel encerado para hornear, extienda la pasta sobre el molde y rellene con la mezcla de verduras. Espolvoree la superficie con el ajonjolí negro y hornee a 180ºC (360ºF) durante 25 ó 30 minutos. Sirva la tarta tibia.

▶ Preparación *20* minutos ▶ Cocción *60* minutos ▶ Grado de dificultad *fácil*

En presencia de divertículos es bueno eliminar las semillas de ajonjolí de esta receta porque podrían infiltrarse en los divertículos y ser causa de posteriores inflamaciones.

▶ *1* porción

Bacalao con papas y poro

Ingredientes
▶ 100 g de bacalao fresco o desalado ▶ 1 rama de perejil ▶ 1 poro pequeño ▶ 1 cucharada de aceite de oliva extra virgen ▶ 1 trozo de peperoncino o chile de árbol, picado ▶ 1 diente de ajo ▶ 2 papas amarillas medianas ▶ 3 cucharadas de vino blanco ▶ sal y pimienta

100

Remoje el bacalao y corte en trozos del tamaño de un bocado. Limpie y lave el perejil, píquelo. Elimine la base y la parte externa del poro, lávelo y rebánelo en rodajas finas. En una olla vierta el aceite, el chile peperoncino y el diente de ajo entero; deje que se fríanly delicadamente durante varios minutos.

Pele las papas y corte en trozos. Pase a la olla, mezclando delicadamente con ayuda de una cuchara de madera. Agregue el bacalao, el perejil picado, el vino blanco y una taza de agua y continúe cociendo entre 20 y 25 minutos a fuego muy bajo.

Cuando suelte el hervor apague el fuego, rectifique la sazón y añada si fuera necesario sal y pimienta; deje reposar el bacalao, tapado, alrededor de 5 minutos más y sirva.

▶ Preparación *15* minutos ▶ Cocción *30* minutos ▶ Grado de dificultad *fácil*

▶ *P*uede sustituir el bacalao por filetes de merluza enteros o por trozos de pez espada o esmeril. Para quien sufre de acidez de estómago se recomienda eliminar el chile peperoncino.

▶ *1* porción

Strudel de zanahorias y alcachofas

Ingredientes

Para la pasta: ▶ 1/2 tableta de levadura de cerveza ▶ 170 ml de agua tibia ▶ 150 g de harina de avena ▶ 150 g de harina de primera ▶ sal ▶ 1 cucharada de aceite de oliva extra virgen
Para el relleno: ▶ 4 alcachofas ▶ 1 limón ▶ 3 zanahorias ▶ 1 chalote ▶ 2 cucharadas de aceite de maíz ▶ sal y pimienta ▶ 1 manojo de perejil, lavado y picado

Disuelva la tableta de levadura de cerveza en el agua tibia. Amase las dos harinas con el agua tibia con la levadura de cerveza. Agregue una pizca de sal y el aceite. Amase hasta integrar por completo y deje reposar en un lugar tibio durante una hora.

Limpie las alcachofas, retire el tallo, las hojas duras y la parte espinosa y coloque en agua caliente acidulada con el jugo de limón. Pele las zanahorias y corte en rodajas finas. Pele y pique el chalote y póngalo al fuego con el aceite y una cucharada de agua. Agregue la alcachofa y la zanahoria, sazone con sal y pimienta y deje cocer por 15 minutos. Espolvoree con el perejil picado.

Extienda la pasta hasta dejarla delgada y corte cuadritos de 10 cm por lado. Coloque las verduras en el centro de cada cuadro, cierre haciendo bolsitas y hornee a 190ºC (380ºF) durante 35 minutos.

▶ Preparación *30* minutos ▶ Cocción *50* minutos ▶ Grado de dificultad *fácil*

101

▶ *Una receta sabrosa para enriquecer la dieta con verduras y preservar la buena salud del intestino, sin recurrir a las mismas "verduras cocidas".*

1 porción

Atún asado con guarnición de zanahorias y alcachofas

Ingredientes

Para el guisado: 1 chalote 1 cucharada de aceite de oliva extra virgen 2 alcachofas, sin las hojas externas ni la parte fibrosa del centro 1 zanahoria, sin piel y cortada en rodajas finas sal 1 manojo de perejil

102

Para el atún: 1 trozo de atún fresco sal y pimienta

Retire la piel del chalote y pique finamente; fría en una sartén con la mitad del aceite. Agregue las alcachofas cortadas en láminas finas. Saltee durante 2 minutos y agregue la zanahoria. Bañe con un poco de agua hirviendo y rectifique la sazón con sal.

Limpie el perejil y píquelo, agregue a la sartén con las verduras picadas y siga cociendo hasta que se sequen. Escurra y páselas a un plato.

Salpimiente el atún, ase sobre la parrilla ligeramente engrasada con el aceite restante durante algunos minutos por cada lado y acompañe con la guarnición de verduras.

Preparación **20** minutos Cocción **10** minutos Grado de dificultad **fácil**

En caso de difícil digestión puede sustituir el atún por un pescado más magro como el cazón o la merluza.

▶ **1** porción

Hortalizas verdes con salmón y crutones

Ingredientes
▶ 1/2 apio ▶ 1 manojo de hortalizas verdes ▶ 1 rebanada de pan de centeno ▶ 1 cucharada de aceite de oliva extra virgen, más el necesario ▶ sal y pimienta ▶ 60 g de salmón ahumado ▶ 1 limón amarillo

103

Lave, limpie y corte finamente el apio. Deje remojar en agua fría para conservarlo firme. Lave las hortalizas verdes bajo el chorro de agua fría y séquelas delicadamente con papel absorbente.

Corte el pan de centeno en dados pequeños y tueste en una sartén antiadherente con un poco de aceite, sal y pimienta. Parta las rebanadas de salmón ahumado en tiras delgadas, coloque en un plato y agregue todos los ingredientes.

En un tazón mezcle el aceite de oliva, el jugo de limón y sal. Condimente la ensalada de pescado con el aderezo obtenido y sirva.

▶ Preparación **15** minutos ▶ Cocción **5** minutos ▶ Grado de dificultad *fácil*

D*E s un platillo indicado para quien debe introducir muchas fibras en su alimentación: además de la fibra de las verduras, se pueden contar las del pan de centeno. La harina de centeno tiene alrededor de 10.69 g/100 g de fibra no soluble.*

▶ *1* porción

Ensalada cocida de zanahoria y cebolla

Ingredientes
▶ 2 zanahorias ▶ 2 cebollitas de cambray ▶ sal ▶ 1 cucharada de aceite de oliva extra virgen ▶ vinagre balsámico ▶ perejil, picado

104

Pele las zanahorias, limpie las cebollitas y lave cuidadosamente. En una olla ponga a hervir bastante agua con sal, añada las verduras enteras y cocine alrededor de 10 minutos.

Escurra las verduras cuando estén al dente y reserve el agua de cocción, que podrá utilizarse para preparar un risotto o una sopa. Corte la zanahoria en rodajas y la cebollita en trozos y pase a una ensaladera.

En un recipiente mezcle el aceite y el vinagre balsámico con ayuda de un tenedor; incorpore al final el perejil. Condimente la ensalada con esta salsa y lleve de inmediato a la mesa.

▶ Preparación *10* minutos ▶ Cocción *10* minutos ▶ Grado de dificultad *fácil*

*E*sta ensalada se prepara con verduras cocidas que a menudo son bien toleradas por aquellas personas que sufren de colitis. También se pueden agregar otras verduras como calabacitas y betabel.

▶ *1* porción

Ejotes al jitomate con puré de papas

Ingredientes
▶ 200 g de ejotes ▶ 100 g de papas ▶ sal ▶ 2 jitomates maduros ▶ 1 diente de ajo pequeño, machacado ▶ 1 cucharadas de aceite de oliva extra virgen ▶ 1 hoja de laurel ▶ sal

106

Corte las puntas de los ejotes y lave cuidadosamente. Lave las papas, luego cocine los ejotes y las papas en una olla con abundante agua con sal. Escurra los ejotes cuando estén al dente y las papas cuando estén bien cocidas.

Mientras tanto, lave los jitomates y escalfe durante algunos segundos en agua hirviendo de modo que se puedan pelar fácilmente. Corte en trozos pequeños eliminando las semillas y reserve. En una sartén grande dore el diente de ajo en el aceite junto con la hoja de laurel. Añada los jitomates. Deje cocer durante 5 minutos a fuego medio.

Retire el ajo y el laurel. Pele las papas, pase por el pasapurés e integre con los jitomates. Mezcle con cuidado y deje sazonar durante 3 ó 4 minutos. Agregue, si fuera necesario, algunas cucharadas de agua. Incorpore los ejotes y cocine durante 10 minutos más. Sirva caliente.

▶ Preparación *10* minutos ▶ Cocción *30* minutos ▶ Grado de dificultad *fácil*

Este platillo es una sabrosa alternativa a las simples verduras hervidas. Los ejotes constituyen un óptimo contorno para acompañar platos fuertes a base de pescado; al agregarles papas, equivalen a una comida completa y equilibrada.

▶ **1** porción

Achicoria "loca"

Ingredientes

▶ 200 g de achicoria ▶ sal ▶ 1 cucharada de aceite de oliva extra virgen ▶ 1 diente de ajo pequeño, picado ▶ 1 chile peperoncino o serrano, picado y sin semillas

Limpie y lave la achicoria cuidadosamente, hiérvala en abundante agua hirviendo con sal alrededor de 40 minutos. Escurra y seque bien.

En una olla caliente el aceite de oliva y dore el ajo con el chile. Añada en un segundo tiempo la achicoria picada y rectifique la sazón con sal.

Mezcle hasta integrar por completo y prosiga con la cocción durante 10 minutos, mezclando continuamente con una cuchara de madera, de modo que tome sabor sin pegarse ni quemarse. Sirva la achicoria bien caliente.

▶ Preparación **15** minutos ▶ Cocción **60** minutos ▶ Grado de dificultad **fácil**

▶**U**n platillo útil para prevenir y combatir el estreñimiento. Puede preparar otras verduras fibrosas de la misma manera como las acelgas, las hojas de nabo y la achicoria Cataluña.

▶ *1* porción

Cúpulas de col y col morada

Ingredientes
▶ 1/2 col morada ▶ 1 cucharada de aceite de oliva extra virgen ▶ 1/4 de poro, finamente picado ▶ 1 cucharada del jugo de umeboshi (jugo del chamoy) ▶ 4 hojas de col china ▶ 1 cucharada de piñones o almendras, para decorar (opcional)

Corte la col morada en juliana. En una olla caliente el aceite de oliva y fría el poro, vertiendo un poco de agua si fuera necesario. Agregue la col morada y deje cocer durante 10 minutos, mezclando frecuentemente y rociando con el jugo de umeboshi.

Blanquee las hojas de col china en abundante agua hirviendo y deje enfriar en un colador limpio. Divida a la mitad eliminando la parte central dura y forre con ellas 2 moldes semiesféricos. Rellene los moldes con la mezcla de col morada, presione y deje enfriar.

En una sartén antiadherente tueste rápidamente los piñones. Sirva las cúpulas invertidas hacia abajo en un plato y decore con los piñones al gusto o con almendras sin piel y ligeramente tostadas.

▶ Preparación *15* minutos ▶ Cocción *20* minutos ▶ Grado de dificultad *fácil*

109

El acidulado de umeboshi, derivado de la fermentación del arroz es un jugo de sabor menos ácido en comparación con el vinagre de manzana o de vino. En general es bien tolerado hasta por aquellas personas que sufren de acidez estomacal.

▶ *1* porción

Ensalada prensada de verduras mixtas

Ingredientes

▶ 1 zanahoria pequeña ▶ 2 rábanos ▶ 1 pepino pequeño ▶ 1/2 rama de apio ▶ 1/4 de col china pequeña ▶ sal gruesa ▶ 1 manojo pequeño de arúgula, lavada y cortada ▶ 1 cucharada de aceite de oliva extra virgen ▶ limón o vinagre de arroz (opcional)

110

Limpie toda la verdura, corte la zanahoria, los rábanos y el pepino en rodajas, el apio en rebanadas diagonales y la col china en tiras. Acomode las verduras preparadas en un recipiente alto y estrecho, formando capas dividiéndolas con un poco de sal gruesa. Ponga sobre las verduras un plato de diámetro inferior al de la orilla y agregue un peso encima. Deje reposar durante 1 ó 2 horas.

Elimine el agua que se haya formado y pase la verdura a una ensaladera junto con la arúgula. Condimente la ensalada con el aceite de oliva y algunas gotas de jugo de limón o vinagre. Si resultara demasiada ensalada, antes de condimentarla enjuáguela velozmente bajo el chorro de agua y luego exprímala.

▶ Preparación *15* minutos ▶ Grado de dificultad *fácil*

▶ *P*rensar es un método tradicional y popular para preparar las verduras; este procedimiento permite digerir también los vegetales que algunas veces resultan indigestos, como el pepino y el rábano.

▶ *1* porción

Ensalada de alcachofas primavera

Ingredientes
▶ 1/4 de pimiento rojo ▶ 1/4 de pimiento amarillo ▶ 1 manojo pequeño de arúgula ▶ 2 alcachofas compactas ▶ 3 cucharadas de aceite de oliva extra virgen ▶ sal ▶ 1/2 limón amarillo ▶ 100 g de queso pecorino añejo ▶ pimienta

Lave los pimientos y elimine las semillas, úntelos con un poco de aceite de oliva y ase bajo el asador del horno a 200°C (400°F), hasta que comiencen a tatemarse. Pase a una bolsa, cierre y déjelos "sudar" alrededor de 10 minutos.

Mientras tanto, lave la arúgula y córtela finamente. Deshoje las alcachofas hasta el corazón y despúntelas; elimine la parte verde velluda de la base y rebánelas finamente, cueza. Condimente con un aderezo a base de aceite, sal y jugo de limón.

Acomode la arúgula en el plato con la alcachofa condimentada con un hilo de aceite, agregue los pimientos sin piel y cortados en tiras y complete el plato con rebanadas delgadas de alcachofas y láminas de queso pecorino. Termine con pimienta negra recién molida y sirva.

▶ Preparación *25* minutos ▶ Cocción *40* minutos ▶ Grado de dificultad *fácil*

111

▶ *L*as alcachofas frescas aportan muy pocas calorías y contienen fibras particulares capaces de nutrir a los microorganismos "buenos" de la flora bacteriana intestinal, estimulando así su crecimiento.

▶ **4** porciones

Crema dulce de calabaza

Ingredientes
▶ 1/2 calabaza de castilla (aproximadamente 1,5 kg) ▶ 3 cucharadas de malta de maíz o de trigo ▶ 2 cucharadas de fécula de maíz ▶ 1 pizca de canela en polvo ▶ 1 pizca de clavos de olor en polvo ▶ sal ▶ 3 cucharadas de uvas pasas, remojadas en agua tibia

112

Precaliente el horno a 200°C (400°F). Lave la calabaza bajo el chorro de agua fría tallando con ayuda de un cepillo para verduras, corte a la mitad y coloque sobre una hoja de papel encerado para hornear, dejándole las semillas adentro. Cocine en el horno entre 40 y 50 minutos, hasta que la pulpa esté suave. Deje entibiar y elimine la cáscara con un cuchillo y las semillas con ayuda de una cuchara.

Vierta la pulpa de calabaza en un procesador de alimentos, agregue la malta de maíz, la fécula de maíz, las especias y una pizca de sal. Procese hasta obtener una mezcla tersa. Agregue las uvas pasas y mezcle delicadamente con ayuda de una cuchara.

Vierta la mezcla en un molde forrado con papel encerado y cocine en el horno a 180°C (360°F) durante 15 minutos; disminuya la temperatura a 160°C (320°F) y continúe la cocción hasta que se haya formado una corteza dorada en la superficie de la crema. Sirva este platillo tibio o frío.

▶ Preparación **20** minutos ▶ Cocción **75** minutos ▶ Grado de dificultad **fácil**

Esta crema es muy adecuada para quien tiene problemas de colitis y debe por esto reducir el consumo de azúcar blanca. Los almidones naturales de la calabaza confieren el sabor dulce, satisfaciendo de igual manera el deseo de azúcar.

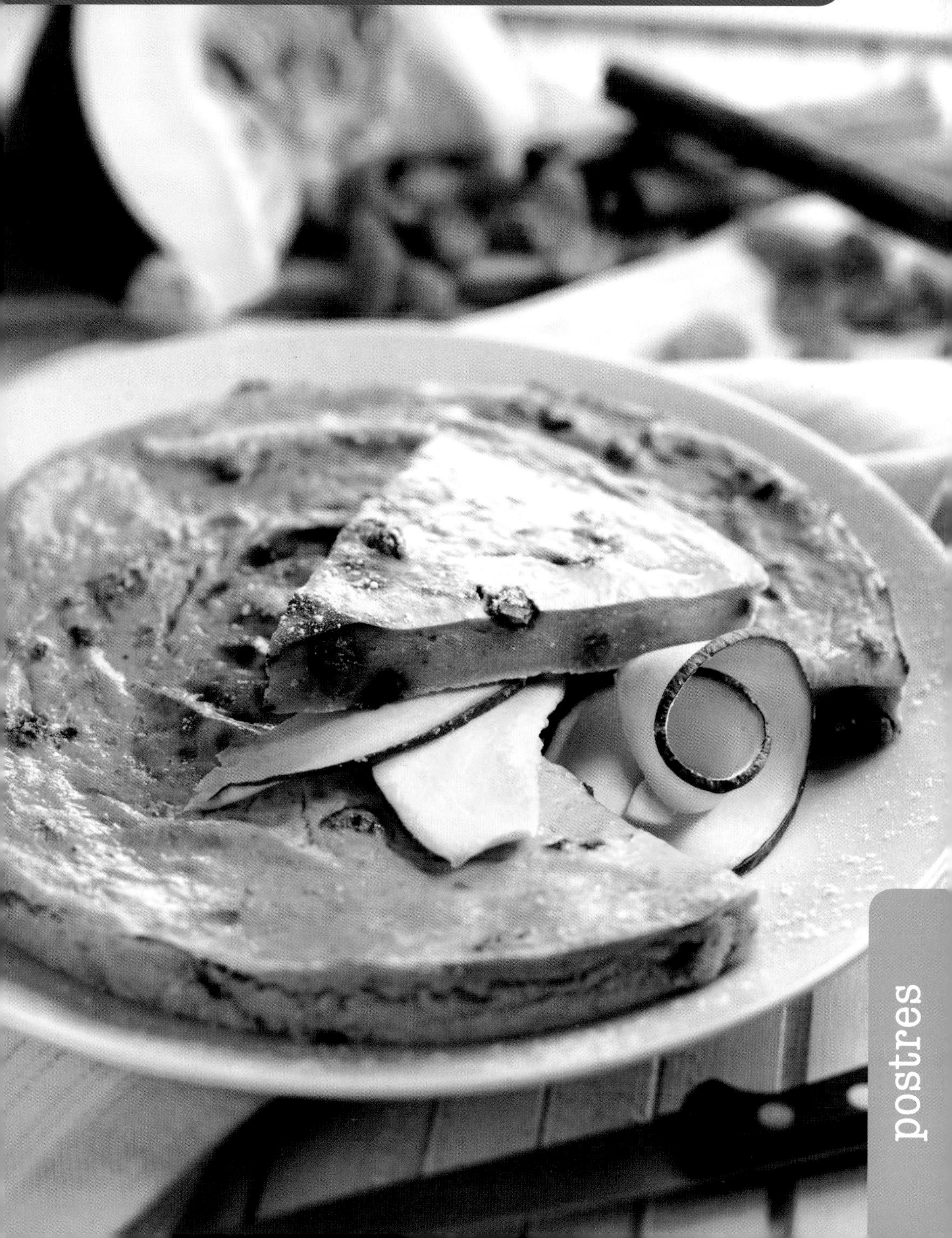

▶ **6** porciones

Galletas con hojuelas de avena

Ingredientes
▶ 70 ml de aceite de oliva extra virgen ▶ 150 g de hojuelas de avena ▶ 2 huevos ▶ 3 cucharadas de jugo de manzana concentrado ▶ 30 g de nueces tostadas, picadas toscamente ▶ 180 g de harina semi-integral ▶ 50 g de uvas pasas, remojadas en agua ▶ 1 cucharadita de levadura ▶ 1 bolsita de vainilla en polvo ▶ sal

En un tazón mezcle el aceite de oliva con las hojuelas de avena, incorpore los huevos, agregue el jugo de manzana, las nueces, la harina, las uvas pasas exprimidas, la levadura, la vainilla y una pizca de sal. Mezcle con cuidado los ingredientes hasta obtener una masa lisa y elástica.

Precaliente el horno a 180°C (360°F). Extienda la masa con ayuda de un rodillo entre 2 hojas de papel encerado, hasta obtener un espesor de aproximadamente 1 cm. Recorte rombos con ayuda de un cuchillo.

Cubra una charola con papel encerado para hornear, acomode las galletas dejando una pequeña separación entre ellas y cocine en el horno entre 12 y 15 minutos. Deje enfriar y conserve en una lata con tapa.

▶ Preparación **15** minutos ▶ Cocción **15** minutos ▶ Grado de dificultad **fácil**

▶ *Estas galletas son lo mejor para el desayuno: la avena es rica en fibra insoluble que ayuda a regular las funciones intestinales.*

▶ **6** porciones

Budín de castañas

Ingredientes
▶ 220 g de castañas sin cáscara ▶ 250 ml de leche, tibia ▶ 1 vaina de vainilla ▶ 3 cucharadas de jarabe de agave ▶ 1/2 cucharada de agar-agar en polvo o grenetina ▶ avellanas picadas

Hierva las castañas alrededor de 15 minutos en una olla con abundante agua y escurra cuando estén al dente.

115

Póngalas en otra olla e incorpore la leche previamente entibiada y la vaina de vainilla con una incisión a lo largo. Hierva y prosiga con la cocción de las castañas por lo menos durante 15 minutos a flama baja, hasta que estén muy suaves.

Retire la vaina de vainilla, agregue el jarabe de agave y el agar-agar, haciendo que se disuelva, a flama bajísima. Mezcle hasta integrar por completo los ingredientes, agregando un poco de leche caliente si la mezcla se fuese espesando demasiado. Licue y sirva decorando con las avellanas picadas.

▶ Preparación **20** minutos ▶ Cocción **30** minutos ▶ Grado de dificultad **fácil**

▶ *Tenga cuidado con las castañas: contienen almidones que deben cocerse bien para que no den origen a la fastidiosa hinchazón abdominal.*

▶ **4** porciones

Crema de castañas y manzana a la vainilla

Ingredientes
▶ 250 g de castañas secas, sin cáscara ▶ 100 g de manzanas secas (o 2 manzanas frescas)
▶ 250 ml de jugo de manzana ▶ 1/4 de vaina de vainilla ▶ sal ▶ avellanas troceadas

116

Remoje las castañas durante una noche en el doble de su volumen de agua. Si utiliza las manzanas secas, remójelas en el jugo de manzana durante 30 minutos antes de utilizarlas.

Escurra las castañas y tueste en seco sobre una sartén antiadherente, páselas a una olla a presión con las manzanas, el líquido de remojo, la vainilla cortada a lo largo y una pizca de sal.

Cocine durante 40 minutos a partir del inicio del silbido, retire la vainilla, pase las castañas por un pasa verduras y coloque la crema obtenida en las copas. Decore con las avellanas troceadas y sirva.

▶ Preparación **10** minutos ▶ Cocción **40** minutos ▶ Grado de dificultad **fácil**

▶*En lugar de las manzanas puede usar peras o albaricoques secos. Es una crema preparada sin añadirle azúcar, excelente en casos de dificultad digestiva. Al cocer bien las castañas evitará la fastidiosa hinchazón.*

▶ **4** porciones

Gelatina de jugo de manzana

Ingredientes
▶ 300 ml de jugo de manzana ▶ 1 limón ▶ 1 cucharada de azúcar ▶ 1 cucharada copeteada de agar-agar en polvo o grenetina sin sabor ▶ 4 ramas pequeñas de menta o hierbabuena ▶ algunas moras

En una olla pequeña a fuego lento caliente el jugo de manzana. Agregue 2 gotas de limón, el azúcar y el agar-agar en polvo. Deje que se disuelva durante 2 minutos mezclando frecuentemente, hasta obtener una mezcla homogénea y tersa.

Recorte 4 triángulos de papel encerado y forme conos enrollándolos en el dorso de su mano. Fíjelos con una grapa de metal o con cinta adhesiva. Vierta en ellos la mezcla de manzanas y deje cuajar en el refrigerador, colocándolos en 4 vasos altos.

Retire el papel delicadamente, acomodando las gelatinas en los platos y decorando con la menta fresca y algunas moras. Para darle más sabor a la receta, puede acompañar la gelatina con galletas de almendra. Licuada es excelente para acompañar quesos más bien grasosos.

117

▶ Preparación **15** minutos ▶ Cocción **2** minutos ▶ Grado de dificultad **fácil**

▶*A demás de representar una preparación placentera de sabor dulce, esta gelatina es muy indicada para quien tiene una escasa movilidad intestinal: el agar-agar (un alga sin olor ni sabor) facilita en efecto la peristalsis.*

▶ **4** porciones

Mermelada de dátiles

Ingredientes
▶ 400 g de dátiles ▶ 1 pizca de sal

Lave y seque cuidadosamente los dátiles, elimine las semillas dentro de ellos cortando el fruto a lo largo.

Viértalos en una olla con una pizca de sal y cúbralos completamente con agua. Déjelos cocer a fuego medio hasta que estén suaves, pero no demasiado cocidos.

Licue la fruta todavía caliente, hasta obtener una preparación homogénea y suave, pero no líquida. Puede utilizar esta mermelada de inmediato o conservarla en el refrigerador durante varios días.

▶ Preparación **15** minutos ▶ Cocción **30** minutos ▶ Grado de dificultad **fácil**

▶*Puede preparar esta mermelada también con otras frutas secas como albaricoques, ciruelas o una mezcla de diversas frutas. Excelente para recubrir tartas o para untar sobre pan tostado. La fibra de los dátiles estimula la peristalsis intestinal.*

▶ **4** porciones

Helado de yogurt, tofu y plátano

Ingredientes
▶ 300 ml de leche de soya ▶ 2 cucharaditas de agar-agar en polvo ▶ 4 cucharaditas de malta de arroz ▶ 1 plátano ▶ 1 barra pequeña de tofu ▶ 200 g de yogurt ▶ 30 g de avellanas ▶ 30 g de chocolate para repostería

Hierva la leche de soya y agregue el agar-agar, deje que se disuelva lentamente durante 5 minutos. Incorpore 2 cucharaditas de malta y deje que se enfríe. Muela en un procesador de alimentos el plátano, el tofu y la malta restante e integre la mezcla con el yogurt y la gelatina preparada previamente. Pase a un recipiente y deje cuajar en el congelador durante 3 horas por lo menos.

Mientras tanto, en una olla pequeña blanquee las avellanas en agua hirviendo, escúrralas y pélelas. Tuéstelas ligeramente en el horno y píquelas toscamente con ayuda de un cuchillo.

Retire la mezcla del congelador y licue para hacerla más cremosa. Derrita el chocolate a baño María y viértalo sobre el helado. Decore con las avellanas picadas y sirva.

▶ Preparación **10** minutos ▶ Cocción **10** minutos ▶ Grado de dificultad **fácil**

En caso de colitis puede sustituir el yogurt por el de soya, pues con esta condición, la leche de vaca podría ser poco tolerada y acentuar los problemas de inflamación intestinal.

▶ **4** porciones

Peras cocidas con crema y avellanas

Ingredientes

▶ 4 peras maduras y firmes ▶ 1 limón amarillo orgánico ▶ sal ▶ 30 g de azúcar ▶ 2 cucharadas de crema de avellanas ▶ 1 cucharada de fécula de papa ▶ ½ vaso de leche de soya ▶ 30 g de avellanas, picadas

Lave las peras y acomódelas enteras y de pie en una olla a presión. Incorpore un vaso con agua escasa, un pedazo de cáscara de limón, una pizca de sal y el azúcar. Cierre la olla y cocine durante 10 minutos a partir del inicio del silbido. Terminada la cocción, retire las peras y pase a un plato.

121

Incorpore al líquido de cocción la crema de avellanas y la fécula disuelta en 1/2 vaso de leche. Lleve a ebullición mezclando continuamente y cocine hasta que la crema comience a espesarse. Cuando esté caliente vierta sobre las peras y espolvoree con las avellanas. Sirva las peras tibias o frías.

▶ Preparación **10** minutos ▶ Cocción **15** minutos ▶ Grado de dificultad **fácil**

▶ *Las peras con crema de avellanas o con chocolate son una excelente variación para la fruta cocida, ideal para aliviar problemas de estreñimiento.*

▶ **4** porciones

Duraznos rellenos al horno

Ingredientes

▶ 4 duraznos medianos ▶ 1 huevo ▶ 2 cucharadas de malta de trigo ▶ 3 galletas amaretti o galletas de almendra ▶ 1 cucharada de cacao amargo ▶ 1 cucharada de ron ▶ 2 cucharadas de avellanas, picadas

Lave, seque y parta a la mitad los duraznos con piel. Elimine el hueso y retire un poco de pulpa de cada mitad de durazno; pase a un plato y hágala puré con ayuda de un tenedor.

En un tazón bata el huevo y agregue la pulpa de durazno, la malta, las galletas desmoronadas, el cacao y una cucharada de ron. Mezcle delicadamente y rellene las mitades de durazno.

Precaliente el horno a 180°C (360°F). Coloque un poco de avellanas picadas sobre cada fruta y acomódelos en una charola forrada con papel encerado para hornear. Cocine en el horno de 35 a 40 minutos. Sirva los duraznos fríos.

▶ Preparación **15** minutos ▶ Cocción **40** minutos ▶ Grado de dificultad *fácil*

122

Escoja para esta preparación duraznos muy maduros, evitando aquéllos del inicio de la estación para poder eliminar el hueso con facilidad. Además, para hacer el plato ligeramente más dulce puede agregarle al relleno una cucharada de uvas pasas remojadas en agua.

Tarta de calabaza

Ingredientes

Para la pasta: ▶ 250 g de harina de trigo de primera ▶ 4 cucharadas de aceite de maíz ▶ 2 cucharadas de malta de maíz ▶ 1/2 bolsita de levadura natural ▶ sal ▶ la ralladura de 1 limón orgánico ▶ leche de arroz tibia

Para el relleno: ▶ 400 g de pulpa de calabaza ▶ 2 cucharadas de malta ▶ 1 cucharadita de vainilla ▶ 1/2 taza de uvas pasas remojadas en agua ▶ 2 cucharadas de harina de almendras o avellanas

124

Mezcle la harina con el aceite, la malta, la levadura, una pizca de sal y la ralladura de limón. Mezcle utilizando poca leche de arroz, hasta obtener una pasta suave pero consistente. Deje reposar durante 30 minutos.

Cueza la calabaza en el horno alrededor de 25 minutos y prepare un relleno con ella, agregando la malta, la vainilla, las uvas pasas y 2 cucharadas de harina de almendras o avellanas, al gusto. Extienda la pasta y forre con ella un molde para tartas, cubierto con papel encerado para hornear. Vierta el relleno y hornee a 180°C (360°F) durante 40 minutos.

▶ Preparación **25** minutos ▶ Cocción **65** minutos ▶ Grado de dificultad ***fácil***

En caso de estreñimiento puede aumentar el contenido de fibra utilizando harina integral para la masa: el trigo es uno de los cereales más ricos en fibra insoluble, útil para aumentar la peristalsis intestinal.

▶ **4** porciones

Manzanas al horno

Ingredientes
▶ 4 manzanas ▶ 4 cucharadas de uvas pasas, lavadas y remojadas en agua ▶ 2 cucharadas de malta de trigo o maíz o de miel ▶ 2 cucharadas de crema de almendras o de avellanas ▶ sal

Lave y seque las manzanas, elimine el corazón, buscando dejar intacta la base de cada manzana para obtener pequeños cuencos.

En un recipiente coloque las uvas pasas, la malta, la crema de almendras o de avellanas y una pizca de sal; mezcle los ingredientes con delicadeza.

Precaliente el horno a 180°C (360ºF). Rellene las manzanas con la mezcla y acomódelas sobre una charola con papel encerado para hornear. Cocine en el horno precalentado alrededor de 30 minutos y sirva el postre tibio.

▶ Preparación **15** minutos ▶ Cocción **30** minutos ▶ Grado de dificultad *fácil*

125

Este postre no contiene grasas añadidas de tipo animal, como la mantequilla. La preparación es una alternativa válida a las clásicas manzanas cocidas, aconsejadas para favorecer la peristalsis en caso de intestino perezoso.

índice de las recetas